Dietfrid Krause-Vilmar (Hg.)

Radikale Nachfolge

Briefe des Vikars Winfrid Krause an seine Verlobte
Friedegard Vilmar aus dem Predigerseminar der
Bekennenden Kirche in Finkenwalde 1937

unter Mitwirkung von Gernot Gerlach

VANDENHOECK & RUPRECHT

Bibliografische Information der Deutschen Nationalbibliothek:
Die Deutsche Nationalbibliothek verzeichnet diese Publikation in der
Deutschen Nationalbibliografie; detaillierte bibliografische Daten sind
im Internet über https://dnb.de abrufbar.

© 2025 Vandenhoeck & Ruprecht, Robert-Bosch-Breite 10, D-37079 Göttingen,
ein Imprint der Brill-Gruppe
(Koninklijke Brill BV, Leiden, Niederlande; Brill USA Inc., Boston MA, USA;
Brill Asia Pte Ltd, Singapore; Brill Deutschland GmbH, Paderborn, Deutschland; Brill Österreich GmbH, Wien, Österreich)
Koninklijke Brill BV umfasst die Imprints Brill, Brill Nijhoff, Brill Schöningh,
Brill Fink, Brill mentis, Brill Wageningen Academic, Vandenhoeck & Ruprecht,
Böhlau und V&R unipress.

Alle Rechte vorbehalten. Das Werk und seine Teile sind urheberrechtlich
geschützt. Jede Verwertung in anderen als den gesetzlich zugelassenen Fällen
bedarf der vorherigen schriftlichen Einwilligung des Verlages.

Umschlagabbildung: Winfrid Krause (© Dietfrid Krause-Vilmar)

Umschlaggestaltung: Stephan von Borstel

Satz: SchwabScantechnik, Göttingen
Druck und Bindung: ⊕ Hubert und Co, Ergolding
Printed in the EU

Vandenhoeck & Ruprecht Verlag | www.vandenhoeck-ruprecht-verlage.com
E-Mail: info@v-r.de

ISBN 978-3-525-56875-0

Inhalt

Vorwort 7
Einführung 9
Die Briefe 23
Nachwort 169
Themen in den Briefen 171
Namensregister 173
Zur Edition 187
Literatur 189
Dank 191

Vorwort

Mein Vater Winfrid Krause war Theologe und Hilfsprediger der Bekennenden Kirche. Er starb am 7. August 1943 als junger Mann im Marburger Lazarett. Ab September 1939 war er Soldat gewesen, im Westen und im Osten. Ich bin am 14. Oktober 1939 in Marburg geboren. Meine beiden später geborenen Geschwister und ich hatten daher kaum Gelegenheit, ihn kennenzulernen, und meine schwache Erinnerung an ihn vermischt sich mit den erhaltenen Fotos und den Erzählungen meiner Mutter.

Als mir seine Briefe in die Hand fielen, die er als 26-jähriger Vikar im »illegalen« Predigerseminar in Finkenwalde bei Dietrich Bonhoeffer an seine Verlobte Friedegard Vilmar, seine spätere Frau und meine Mutter, täglich schrieb, öffnete sich mir erstmalig und in eindrücklicher Weise seine Persönlichkeit. Das Leben und Denken meines Vaters, der gemeinsam mit seinen »bekennenden« Brüdern auf Gehalt und feste Anstellung verzichtet hatte, weil er zu einem Kompromiss mit den nationalsozialistischen Machthabern nicht bereit gewesen war, findet in den Briefen vielfältigen und überzeugenden Ausdruck. Es war eine besondere Situation in seinem Leben, als er sich in Finkenwalde im Jahre 1937 sowohl im gemeinschaftlichen Versuch der Erneuerung der Kirche als auch mitten im Überlebenskampf der Bekennenden Kirche (BK) befand. Im Sommer hatte Dietrich Bonhoeffer seine grundlegende Schrift »Nachfolge«[1] fertiggestellt. Im September setzte der SS-Führer Heinrich Himmler als Reichsinnenminister die polizeiliche Schließung des Predigerseminars durch. Der radikale Flügel der Bekennenden Kirche sah sich mächtigen Bedrohungen gegenüber: Zum einen und ersten dem NS-Staat, der mit dem neu geschaffenen Reichskirchenministerium institutionell die BK illegalisierte und unterdrückte, zum zweiten den

---

1 Bonhoeffer: DBW 4

Inhaftierungen zahlreicher Mutiger durch die Gestapo, und drittens den Sirenenklängen der »intakten« Konsistorien, die mit dem Brotkorb winkten. Die Briefe sind ein authentisches Zeugnis des letzten (fünften) Seminarkurses, bevor das Predigerseminar geschlossen werden musste. Ich sehe in ihnen ein Zeugnis der Bewährung, eine Haltung und Botschaft in die Zukunft, die Gültigkeit beanspruchen kann. »Keine Phase in Bonhoeffers Wirken scheint heute verschlossener, abweisender zu sein als die Finkenwalder Zeit. Sie mobilisiert in nicht wenigen Lesern Widerspruch. Der akademische, der ökumenische, der politische Bonhoeffer ist vielen, die sich seinem Werk zuwenden, wohl willkommener als der Bonhoeffer, der uns hier begegnet: der herausfordernd kirchliche, der radikal biblische, der folgerichtig fromme.«[2]

---

2 Bonhoeffer: DBW 14, 989.

Einführung

Zur Bekennenden Kirche

Die Bekennende Kirche (BK) entstand als evangelische Bewegung gegen das Eindringen der Nationalsozialisten mit Hilfe der »Deutschen Christen« (DC) in ihre Landeskirchen. Mitglieder der DC besetzten Positionen in einzelnen Kirchenleitungen. Finkenwalde bei Stettin gehörte zur Kirche der altpreußischen Union. Seit dem 4. August 1933 war Ludwig Müller (NSDAP und DC) Landesbischof der Evangelischen Kirche der Altpreußischen Union. Die Landeskirche der altpreußischen Union war die größte der 21 Landeskirchen und umschloss die Kirchenprovinzen der neun politischen Provinzen des preußischen Staates: Brandenburg, Ostpreußen, Pommern, Posen, Rheinland (mit Hohenzollern), Sachsen, Schlesien, Westfalen und Westpreußen. Am 5. September 1933 beschloss die Altpreußische Generalsynode (die sogenannte »Braune Synode«) ein Kirchengesetz, wonach Geistlicher nur noch sein konnte, wer »rückhaltlos für den nationalsozialistischen Staat und die Deutsche Evangelische Kirche« eintrat und arischer »Abstammung« war.[3]

Am 27. September 1933 trat auf Reichsebene der »Deutschen Evangelischen Kirche« eine »Nationalsynode« in Wittenberg zusammen und wählte Ludwig Müller zum »Reichsbischof«.

Gegen diese politische Entwicklung stellten sich zahlreiche Pfarrer und Kirchengemeinden. Die Bekennende Kirche hatte in vielen Gemeinden eine ausgesprochen breite Basis. Im Mai 1934 kam es in Barmen zur Synode der Bekennenden Kirche, in der die Theologie der »Deutschen Christen« als Irrlehre gebrandmarkt wurde. Und im Oktober 1934 berief der Reichsbruderrat der Bekennenden Kirche (BK) – die sich von nun an in Bruderräten organisierte –

---

3 Bethge et al. (Hg.): Bonhoeffer, Bilder aus seinem Leben, 110.

eine Reichsbekenntnissynode nach Berlin-Dahlem ein. Sie beschloss unter anderem Folgendes:

»Die Männer, die sich der Kirchenleitung im Reich und in den Ländern bemächtigen, haben sich durch ihr Handeln von der christlichen Kirche geschieden. [...] Wir fordern die christlichen Gemeinden, ihre Pfarrer und Ältesten auf, von der bisherigen Reichskirchenregierung und ihren Behörden keine Weisungen entgegenzunehmen und sich von der Zusammenarbeit mit denen zurückzuziehen, die diesem Kirchenregiment weiterhin gehorsam sein wollen.«[4]

Mit dieser Aufkündigung des Gehorsams war die Errichtung einer eigenen Kirchenleitung verbunden. Die logische Folge war auch die Einrichtung eigener Fakultäten beziehungsweise kirchlicher Hochschulen und einer Vikarsausbildung durch eigene Predigerseminare der Bekennenden Kirche.

»Gerade diese Seminare sollten schon nach kurzer Zeit eine ungeahnte Bedeutung bekommen. Sie konnten trotz mancher Schwierigkeiten relativ ungestört bis zum Sommer 1937 ein volles theologisches Programm leisten. Keine andere Institution der Bekennenden Kirche dürfte so tief in die Gestalt kirchlichen Lebens eingewirkt haben. Zwischen Kirchenleitung, Pfarrern, Kandidaten, Presbyterien und Gemeinden wuchs ein Vertrauen, das Kirche zu einer großen Bruderschaft werden ließ und das Leben in ihr zu einer dankbar erfahrenen Freude«.[5]

Eines dieser zahlreichen BK-Predigerseminare entstand unter der Leitung von Dietrich Bonhoeffer in Finkenwalde bei Stettin. Am fünften Kurs dieses Seminars vom 18. April bis 11. September 1937

---

4   Bethge et al. (Hg.): Bonhoeffer, Bilder aus seinem Leben, 135.
5   Bonhoeffer: DBW 14, 4. – Das Vorwort der Herausgeber Otto Dudzus und Jürgen Henkys gibt einen guten Überblick über das Predigerseminar in Finkenwalde: DBW 14, 1–32.

nahm Winfrid Krause teil.⁶ Von Finkenwalde aus entstand der Briefwechsel mit Friedegard Vilmar, seiner Verlobten.

In den Briefen wird eine Sicht des täglichen Lebens im Predigerseminar aus der Wahrnehmung eines jungen Vikars in einer ganz besonderen Zeit deutlich. Es war eine Situation der täglichen Bedrohung durch den nationalsozialistischen Staat. Im Vordergrund stand die Ausbildung in Seminaren, Vorträgen und Übungen, eingerahmt von einer Tagesstruktur mit gemeinsamem Beten, Singen und Lesen der Bibel.⁷ Bonhoeffer war der theologisch geachtete und persönlich geschätzte »Chef«, der das Gespräch suchte, offenbar auch Einspruch und Widerspruch zuließ. Sehr grundsätzliche Fragen um Gegenwart und Zukunft christlicher Existenz, oft an exegetischen Kontroversen entstanden, waren präsent und wurden eingehend erörtert. Wie künftig angesichts der Hitler-Diktatur sich verhalten, zum Beispiel wenn einem der Staat »die Kinder wegnimmt«? Auch die Rolle der Frau in der Kirche wurde kontrovers und leidenschaftlich diskutiert. In Berlin war Regina Jonas in jenen Jahren als erste Rabbinerin berufen worden. Die Frage stand im Raum: Durften evangelische Frauen ein Pfarramt bekleiden, gar Bischöfin werden?

Winfrid Krause und Friedegard Vilmar (bis 1937)

Friedegard Vilmar ist als drittes Kind des Philologen Dr. Wilhelm Vilmar und Elisabeth geb. Riese am 21. Oktober 1912 in Frankfurt am Main geboren. Ihre beiden älteren Schwestern waren Hildegard und Irmingard, ihr jüngerer Bruder Eckbert.

Wilhelm Vilmar (1870–1942) entstammte einer kurhessischen Pfarrersfamilie; Elisabeth Riese (1884–1971) kam aus einer Frankfurter Kaufmannsfamilie.

Ostern 1919 wurde Friedegard, gemeinsam mit dem letzten privaten Vorschuljahrgang in Berlin, im Bismarckgymnasium eingeschult, es folgte die Studienanstalt, und 1927 wechselte sie an das von

---

6 Bonhoeffer: DBW 14, 980.
7 Bonhoeffer: DBW 14, 16–22.

ihrem Vater geleitete Grunewaldgymnasium in Berlin, wo sie 1932 das Abitur ablegte. Vom Wintersemester 1932/33 bis zum Sommersemester 1937 studierte sie Theologie, Leibesübungen und Latein. Im Wintersemester 1935 studierte sie an der Universität Basel; sie hörte Vorlesungen von Karl Barth und Eberhard Thurneysen. Im Juli 1937 bestand sie ihr Erstes Staatsexamen in Marburg.

Im Anschluss daran unterzog sie sich mehre Monate lang einer »hauswirtschaftlichen Ausbildung« – mit Blick auf ihre künftige Tätigkeit als Pfarrfrau – im Hause des pommerschen Pastors Will Völger und seiner Frau Hilde Völger in Katzow/Pommern.

Winfrid Krause entstammte einer alten pommerschen Pastorenfamilie. Er ist am 5. Oktober 1910 in Ückermünde als erstes Kind des Pastors und späteren Superintendenten Bruno Krause (1880–1967) und seiner Ehefrau, der Norwegerin Sigrid geb. Solberg geboren. Bruno Krause amtete später in Spantekow, einem Dorf im Kreis Anklam. Winfrid folgten als Geschwister die Brüder Gerhard (1912–1982), Bruno (1913–1999) und Hartmut (1920–2013).

Seine überwiegende Schulzeit verbrachte er auf dem Pädagogium in Putbus, die letzten Jahre am Staatlichen Gymnasium in Demnin, wo er im Jahr 1931 das Abitur machte.

1931 bis 1935 studierte er Theologie in Bethel, Basel, Greifswald, Berlin und in Marburg.

Im Wintersemester 1934/35 begegneten sich Friedegard Vilmar und Winfrid Krause erstmals »bei den Studierenden der Bekennenden Kirche« in Marburg. Er war Studentensprecher der Marburger BK-Studierenden. Beide hörten hier Vorlesungen von Rudolf Bultmann, Hans von Soden und Erich Dinkler, die der Bekennenden Kirche nahestanden.

Am 4. Oktober 1935 legte Winfrid die Erste Theologische Prüfung vor dem Prüfungsamt der Bekenntnissynode der evangelischen Kirche in Pommern ab.

Von November 1935 bis Oktober 1937 war er Vikar, zunächst bei Pastor Werner de Boor in Stettin, einem jungen BK-Pfarrer, dann bei Dietrich Bonhoeffer im Predigerseminar in Finkenwalde.

Im Juni 1936 hatten Friedegard Vilmar und Winfrid Krause sich in Marburg verlobt (siehe Abbildung 1).

Abb. 1: Winfrid Krause und Friedegard Vilmar im Sommer 1938

Zu den Briefen[8]

Der Widerstand gegen die Repressionen des NS-Staates ergab sich zunächst aus einer zurückweisenden Verweigerung der – später sogar eidesstattlich – zu leistenden Treueverpflichtung gegenüber dem Hitler-Staat.

Winfrid wusste, dass das Mitglied in der NSDAP

> »die staatliche Totalität nicht nur auf Leib und Leben, sondern auf Gewissen, Seele, Geist anerkennt. Und der Unterschied von 1933 und 37 ist der, dass wir eben wissen, wie der Staat diese Totalität verstanden sehen will.« (Brief 10)

Zum Berliner Pastor Martin Niemöller – er und Winfrid wollten, dass er das Vikariat ursprünglich bei ihm in Berlin-Dahlem machen solle; der pommersche Bruderrat entschied anders[9] – bestand eine vertrauensvolle persönliche Beziehung.[10]

---

8 Da es sich bei den Briefen um historische Dokumente handelt, können Rechtschreibung und Grammatik im Vergleich zu heutigen Schreibweisen abweichen.

9 Friedegard Krause: Ein Blick zurück in den Spiegel meiner Erinnerung. Unveröffentl. Ms. Darmstadt 1990, S. 54: »Winfrid hatte inzwischen sein Erstes Examen gemacht, war nicht, wie es sein und [Martin] Niemöllers Wunsch war, zu ihm als Vikar gekommen. Der Bruderrat hielt es für tunlich, ihn nach Stolp zu einem sehr guten jungen Bekenntnispfarrer, [Werner] de Boor, zu schicken. Er saß also im spartanischen Pfarrhaus mit einer großen Familie und hatte sich auf seinen Beruf umzustellen, war ziemlich allein.«

10 Im Mai 1943 erinnerte sich Winfrid Krause an den »Kreis der Menschen«, die ihn umgaben, darunter auch an Dietrich Bonhoeffer, Hans von Soden, Rudolf Bultmann und Edi [Eduard] Schweizer. »Meinem Leben die eigentliche Wendung hat aber in jener Zeit die Begegnung mit Martin Niemöller gegeben. [...] Was bis dahin kein Professor auf der Universität und auch sonst kein Mensch fertiggebracht hatte, habe ich in der persönlichen Begegnung mit ihm erfahren: dass er mir einfach die Tore zur Kirche aufgestoßen hat, während ich bis dahin zu den vielen gehörte, die in unserer Zeit vor der Kirche stehen. [...]. Es wird zu den glücklichsten Augenblicken meines Lebens gehören, als ich ihn später einmal nach Marburg holte und an seiner Seite durch den großen mit Studenten überfüllten Saal zum Rednerpult ge-

Winfrid erfuhr mehrfach in seinem Lebensumfeld die Praxis des nationalsozialistischen Staates, beispielsweise bei der Inhaftierung eines jungen Pastors:

> »Ein junger Pastor in F. [...] ist ausgewiesen und musste sein Haus im Laufe einer Nacht räumen, das heißt spät abends wurde es ihm mitgeteilt (darauf große Gemeinde Gebetsstunde in seinem Haus), morgens stand der Möbelwagen vor der Tür. Er: captum est. Auf die Bitte, noch einige Tage bei seiner Frau bleiben zu dürfen, die ihr erstes Kind erwartete, wurde ablehnend geantwortet. Es krampft sich bei solchen Berichten einiges in einem zusammen, und man muss sehr bedacht sein, nicht verbittert zu werden.« (Brief 32)

Und als der Vater von Fritz Onnasch – einem Mitglied des Finkenwalder Bruderhauses – sich in der pommerschen NS-Presse unter dem Titel »Evangelische Kirche im Bunde mit Moskau« vorgeführt sieht, weil die Familie des Verstorbenen, die als Mieter im Haus Onnaschs wohnte, ihn um seine Anwesenheit gebeten hatte. Der Vater war von der Gestapo auf dem Friedhof fotografiert worden. Winfrid:

> »Und dagegen wird es keine Möglichkeit der Berichtigung geben. Wie soll das bestehen, was auf so viel Unwahrheit aufgebaut ist?« (Brief 30)

Winfrid erlebte auch eine öffentliche SA-Trauung, von der angekündigt wurde, dass man zeigen wolle, dass es auch ohne Pastor ginge.

> »Im festlich geschmückten kommunalen Gemeindesaal saß unter Fahne, Hitlerbüste und Lorbeerbäumen das Paar, nachdem die standesamtliche Trauung gewesen war. BdM und HJ und Frauenschaft waren außer der SA offiziell abgeordnet, dazu ein Teil mitt-

---

hen konnte und in einer kurzen Ansprache ihn begrüßte« (Winfrid Krause, Nachgelassene Texte. Familienbesitz Krause-Vilmar, Kassel).

lerer SA-Führer. Ein Standartenführer hielt die Traurede. Sehr hilflos und inhaltlich hätten wir die Sache (von deren Standpunkt aus gesehen) noch besser und wesentlicher machen können. Im Gegensatz zu denen, die ›Dir, Dir, Jehova ...‹ sängen und den Judengott anbeteten, hätte die SA den marxistischen Klassenhass niedergerungen. Ebenso würde der konfessionelle Klassenhass bezwungen werden. Wer das Braunhemd anzieht, ist nicht mehr Katholik, Protestant, deutschgläubig, sondern für Deutschland. Das ist unser religiöser Impuls. Kurzer Lebensabriss des Paares. War nicht viel mitzuteilen. Musik. Übergabe von ›Mein Kampf‹. Auf dem Buch nahm der Standartenführer den Ringwechsel vor sich. Nationalhymne und ›Gruß an den Führer‹. Manches recht ungeschickt, aber Ziel und Art ist ja klar: die neue Religion. Kaiserkult im Altertum. [...] Die Getrauten können einem leidtun.« (Brief 94)

Kirche neu beleben

Es ging den Finkenwaldern um eine neue evangelische Kirche, eine von Grund auf in der Nachfolge Jesu begründete Glaubensgemeinschaft, die es zu entwickeln und einzurichten galt. Nicht *restauratio*, sondern *reformatio* stand auf der Tagesordnung.

> »Die meisten Christen aber meinen noch: Es wären nur gewisse Mängel abzustellen, und die Kirche könne wieder friedlich und als angesehener Faktor im öffentlichen Leben existieren. Nein, der Schaden ist ein totaler, der offene und geheime Abfall.« (Brief 69)

Nicht nur in Finkenwalde, sondern auch in Berlin-Steglitz, Bloestau, Naumburg am Queis, Wuppertal-Elberfeld und in Bielefeld-Siecker waren Predigerseminare der BK begründet worden.

Auf eine Kirche zu warten, zu der das gesamte Volk ja sagen kann, war für Winfrid ein Hirngespinst. Denn dies könne nur eine Kirche sein,

> »die ein verweltlichtes Evangelium anbiete, eine Kirche, in der grundsätzlich jeder seinen eigenen Weg gehen kann, eine Kirche, die nichts Entscheidungsvolles fordert, eine Kirche, in der

die Welt und das Evangelium wie friedliche Brüder beisammen wohnen mit dem Erfolg, dass die Welt der ältere, mächtigere, tonbestimmende Bruder sein wird. Es wird also keine christliche Kirche sein.« (Brief 37)

Nach Winfrids Berichten erfreuten sich etwa die BK-Gottesdienste auch noch im Jahre 1937 in verschiedenen Gemeinden eines sehr guten Zuspruchs. Pfarrer [Hans] Christian Assmann musste den Sonntagsgottesdienst zweimal hintereinander halten, da die Kirche bereits vorzeitig gut gefüllt war (Brief 2). Auch die Demonstration für Martin Niemöller in Berlin-Dahlem am 8. August 1937 hatte eine breite Basis:

»Am Sonntag ist in Dahlem etwas passiert, wie es Berlin seit '33 wohl nicht erlebt und es nur die kirchlichen Demonstrationen in Franken und Bayern '34 zur Parallele hat. Der Bittgottesdienst für Niemöller am Sonntag war verboten. Die (gesamte?!) Dahlemer und Steglitzer Polizei hatte ab 16.00 Uhr (um 18.00 Uhr sollte der Gottesdienst sein) die Jesus Christus Kirche abgesperrt. Doch sammelte sich eine riesige Gemeinde, die Choräle sang; dann von der Polizei ›Weitergehen, weitergehen‹ in die Thielallee geschoben wurde. Immer wachsend. Schließlich teilte die Polizei die Menge. Dann ›Vater unser‹ und Glaubensbekenntnis der einzelnen großen Haufen und immer wieder Gesang. Plötzlich waren beide Haufen etwa am Dahlemer Gemeindehaus zusammen. Viel Gestapo, ein Polizeimajor leitete die Aktion. Die Polizei völlig nervös, hilflos, aufgeregt, die Menge sehr ruhig. Allmählich begannen die Verhaftungen [...].« (Brief 83)

Nachfolge

Der erste Satz des Vorworts in der »Nachfolge«, die Dietrich Bonhoeffer während des 5. Seminarkurses abschloss und veröffentlichte, lautet:

»Es stellt sich in Zeiten der kirchlichen Erneuerung von selbst ein, dass uns die Heilige Schrift reicher wird. Hinter den notwendigen

Tages- und Kampfparolen der kirchlichen Auseinandersetzung regt sich ein stärkeres Suchen und Fragen nach dem, um den es allein geht, nach Jesus.«[11]

Erster und letzter Bezugspunkt für Winfrid war die Heilige Schrift, von der er grundsätzlich und in allen wichtigen Fragen des Lebens ausging. Auch Friedegard und Winfrid lasen täglich bestimmte Kapitel und verständigten sich gelegentlich in den Briefen, wie weit er oder sie zum Beispiel in einem bestimmten Paulusbrief gerade gekommen waren.

Diese an der Bibel und damit an Gottes Wort gebundene Haltung kennzeichnete Winfrids Auffassung – bis hin zur Beratung Friedegards in ihrem Kindergottesdienst:

»Es ist natürlich schwer, den ›Mehrwert‹ eines geistlichen über einen heidnischen Wochenspruch klarzumachen. Man müsste vielleicht anführen, dass einmal Gott zu uns spricht und einmal der Mensch. Das ist der Unterschied. Darin liegt nicht der Mehrwert, sondern (bei äußerlich gleicher Form) der radikale Unterschied. Ich würde die Kinder fragen:
a) Empfindet ihr einen Unterschied? (Vielleicht sagt auch nur einer: Ja.)
b) Worin besteht der Unterschied?
Und dann gewissermaßen sie selber finden lassen. Ich würde mit ihnen sodann öfter und immer wieder darüber sprechen. Gott redet hier – der Mensch da. Was bedeutet das?« (Brief 19)

Insbesondere die in 1. Timotheus 1,18 ff. behandelte Frauenfrage war mehrfach Anlass für kontroverse und leidenschaftliche Gespräche im Seminar – und auch mit Friedegard. (vgl. Brief 13, 16, 19 und mehrere weitere Briefe).

Auf Martin Luthers und August Friedrich Christian Vilmars Bibelverständnis stützend diskutierten Friedegard und Winfrid auch

---

11 Bonhoeffer: DBW 4, 21.

eingehend über die theologische Rede vom Teufel (z. B. Brief 28 und Brief 32).

Unbedingtheit und Kompromisslosigkeit

Im Predigerseminar in Finkenwalde fanden sich Vertreter der Bekennenden Kirche ein, die zu keinem Kompromiss mit der weiter bestehenden Deutschen Evangelischen Kirche bereit waren. In einigen Landeskirchen hatten selbst einzelne BK-Mitglieder und BK-Gemeinden – zum großen Schmerz Bonhoeffers – ihren Frieden mit der etablierten Kirche gemacht. Während die Finkenwalder und andere BK-Seminare in der »Illegalität« eine neue Kirche einzurichten suchten, blickten sie enttäuscht und voller Unverständnis auf die »Intakten«, die den Weg der Bekennenden Kirche mitzugehen nicht bereit waren.[12]

Ein Kirchenwahlaufruf aus Kurhessen-Waldeck vom März/April 1937[13] wird von Winfrid scharf zurückgewiesen:

»Die Entwicklung wird auch über ihn (Hans Schimmelpfeng) und seine jetzigen intakten Pläne hinweggehen. Rein stilistisch finde ich die erste Seite viel zu langatmig. Die Gegenüberstellung ist gut (Seite 2 und 3). Der Gesamttenor aber: feige. Zwar Bibel und Bekenntnis, aber nicht den Mut von Bekennender Kirche zu reden, das ist ja nicht politisch genehm. Welchen Grund könnte es sonst geben, ihr Dasein zu verschweigen? [...] Bei Schimmelpfeng ist der Kardinalfehler der Ansatz. Er setzt bei der Welt an und endet bei der Bibel. Umgekehrt müsste es sein. Na, gefällt mir nicht. Das Gesicht – um nicht zu sagen: Grimasse – konfessioneller Intaktheit sieht mich an, und ich kann es nicht gut besehen. Sich ›Der Wahldienst‹ unter so einem Flugblatt zu nennen,

---

12 »›Bewegung‹, ›Gruppe‹ oder ›Anliegen‹ waren die Titel, die man in Kreisen der Neutralen und der sogenannten ›Intakten‹ lutherischen Landeskirchen der BK gab, um damit dem Anspruch der Synoden von Barmen und Dahlem auszuweichen« (Bonhoeffer: DBW 14, 597f.). Grundlegend hierzu der Aufsatz Bonhoeffers über »Fragen zur Kirchengemeinschaft« (Bonhoeffer: DBW 14, II/19., 655–680).
13 Vgl. Kirche im Widerspruch, Bd. II, Teilbd. 2, 54–61.

ist auch furchtbar geschmacklos und unkirchlich. Spricht er im Namen der Kirche, was muss er denn so eine neutral-imaginäre Größe darunter setzen wie: Wahldienst? Horror!« (Brief 25)

Und an anderer Stelle schrieb er:

»Aber an einem Punkte behafte [?] ich die Intakten immer, und solange das nicht anders ist, kann ich nur schwer sie als einen Mitträger des Ringens ansehen: dass sie in ihren Häusern und öffentlich im Gemeindegottesdienst für die bedrängten und verfolgten Brüder bitten und sich solidarisch mit ihnen erklären. (Es ist übrigens wieder eine riesenlange Liste!) Solange sie sich diesem simpelsten Gebot der Brüderlichkeit entziehen und damit die Verfolgten zu politisch Verfolgten machen, ist mir ihre Intaktheit eine unchristliche. Darum geht es nur: Sie sollen oder brauchen keine Bruderräte, wenn sie ordentliche Kirchenregimente haben, aber sie sollen sagen, ob ein Bunke oder Asmussen oder Mebus oder all die anderen (Karl Jenner Redeverbot) ihre Brüder sind, das sollen sie in ihren Hausandachten sagen und vor der Gemeinde. Sonst klingt [ihre] seichte Bekenntnisrede nicht überzeugend.« (Brief 28)

Bewusstsein von der eigenen Gefährdung

In den Briefen gibt es zahlreiche Äußerungen, aus denen die persönliche Bedrohung des radikalen Flügels der BK durch den nationalsozialistischen Staat hervorgeht. Vom »bellum ecclesiae« ist die Rede, und davon, dass erneut wieder einer der Brüder »captum est«. Ständig wurden Pastoren verhaftet, verhört und Tage oder Wochen in Haft gehalten. Am 1. September 1937 waren in Preußen 111 Pastoren inhaftiert (Brief 105). Von einem Pastor wird berichtet, dass er in das KZ Buchenwald bei Weimar gebracht wurde. Dass die Finkenwalder sich spätestens ab Frühjahr 1937 der politischen Gefährdung ihres Lebens und Wirkens bewusst waren, verdeutlicht nichts klarer als die Vergegenwärtigung eines historischen Zitats von August Friedrich Christian Vilmar aus der Mitte des vergangenen Jahrhunderts. Vilmar formulierte dies aus ganz anderem historischen Kontext; die Aktualität drängte sich den Finkenwaldern gleichwohl auf.

Zu den Briefen

Erstmalig stieß ich in Winfrids Postkarte vom 20. Mai 1937 (Brief 31) auf diesen Text:

»Gestern hatte ich im Collegium Biblicum ›Neues Testament 1‹ eine herrliche Stelle gefunden. Schlag mal schnell auf: letzten Absatz zu Matthäus 5,43–48, Seite 110.«[14]

Die Aktualität dieses Vilmar-Wortes aus dem 19. Jahrhundert könnten die Finkenwalder im Jahre 1937 der übertragenen Aktualität wegen im dritten Satz besonders deutlich wahrgenommen haben:

»Es kommt die Zeit heran, in welcher Jeder, welcher den lebendigen Gott bekennt, um dieses Bekenntnisses willen nicht allein ein Gegenstand des Hasses und der Wut sein wird – denn so weit sind wir so ziemlich schon jetzt gekommen –, sondern wo man ihn bloß um dieses Bekenntnis willen aus der ›menschlichen Gesellschaft‹, wie man dies nennt, ausschließen, von Ort zu Ort jagen, wo man leiblich über ihn herfallen, ihn misshandeln und nach Umständen töten wird. Es nahet eine allgemeine Christenverfolgung, und das ist eigentlich der rechte Sinn aller Bewegungen und Kämpfe unserer Tage«.[15]

Winfrid und die Seminaristen hatten ihre Verlobten beziehungsweise Ehefrauen von dieser Gefährdung ausdrücklich in Kenntnis gesetzt. Es spricht eine Nachricht dafür, dass die Wahl der Partnerin auch diese beidseitige Gefährdung einschloss.

»[...] und jeder muss wissen, wie viel er seiner Frau zutrauen kann und wie viel nicht. Aber man kann an dieser Sache ja blitzartig

---

14 Müller (Hg.): Collegium Biblicum, 110.
15 Es handelt sich hier um ein Zitat, das sich wortwörtlich nicht nur im »Collegium Biblicum« findet, wo es Winfrid Krause im Rahmen seiner Studien zu A. F. C. Vilmar gerade als »herrliche Stelle« entdeckte, sondern auch im 23. Rundbrief aus Finkenwalde, der am 26. August 1937 versandt wurde (Bonhoeffer: DBW 14, 396 f.).

sehen (die Verhaftung der Frau Pfarrer Asmussens), was es um Frau eines BK-Pfarrers in Zukunft sein wird, und wie sie wirklich neben und mit ihm ganz fest stehen muss, und vielleicht auch einmal stellvertretend für ihn ins Gefängnis gehen. Aber es ist eine schwere Sache darum. Und der Gedanke an eine solche Möglichkeit zeigt ja klar, ein wie unerhört großes Maß brüderlich-geistlicher Nähe zwischen Mann und Frau herrschen muss, solche Dinge zu ertragen und zwar freudig zu ertragen.« (Brief 57)

Kennzeichnend für Finkenwalde war der immer wieder auftauchende zentrale Begriff der Bruderschaft.

»Die Abendgebete von Bonhoeffer sind immer besonders ernst und fein. Immer die Fürbitte für die Brüder im Amt, ›die aus diesem Haus ausgegangen‹ [sind] – diese Bruderschaft, für die verfolgten und bedrängten Brüder. Es wäre schön, wenn Du dies einmal mitmachen könntest.« (Brief 9)

Und gleichzeitig gab es in Finkenwalde einen Alltag. Die Briefe zeugen von ihm. Wie lebten, was dachten, was beschäftigte die Vikare in ihren persönlichen Gesprächen miteinander? Viele von ihnen waren verlobt und planten die Hochzeit und eine gemeinsame Zukunft mit ihrer Frau. Friedegard zum Beispiel ging auf Anraten Winfrids nach ihrem Examen im Sommer 1937 für eine bestimmte Zeit in ein pommersches Pfarrhaus (in Katzow), um sich nicht zuletzt auch hauswirtschaftlich auf ihre Rolle als künftige Pfarrfrau vorzubereiten. Auch über eine besonders schöne Krawatte von Winfrid wurde gesprochen. Das Frühstück bei einer Exkursion wurde gelobt. Und der Badestrand an der Nordsee war nicht weit.

»Der Gedanke: In einem leeren Pfarrhauszimmer einen Tischtennistisch zu haben und zwischendurch einen kleinen Match zu machen, hat mich in der Tat sehr begeistert und ist kolossal.« (Brief 26)

Die Briefe

Auszüge aus den Briefen von Winfrid Krause an seine Verlobte Friedegard Vilmar (18. April – 8. September 1937), geschrieben während seiner Teilnahme am 5. Kurs in Finkenwalde, vorwiegend theologische, kirchenpolitische und das Finkenwalder Predigerseminar betreffende Fragen und Ereignisse wiedergebend.

1

18. April 1937 [Sonntag], z. Zt. Stettin, Braunsfelde[16]

In aller Ruhe kann ich Dir jetzt schreiben, Gerhard [Krause] ist fort mit seinen Jungens, während draußen am dunkelblauen Himmel der Donner rollt und gleichzeitig von der anderen Ecke des Himmels die Sonne hier auf das Blatt scheint, will ich Dir von gestern und heute erzählen.[17] Gestern Vormittag [habe ich] gepackt und [am] Nachmittag [bin ich] abgefahren, beladen mit zwei schweren Koffern und dem alten blauen Trenchcoat über dem Arm.[18]

In Finkenwalde nahm ich von wegen der Koffer und der Entfernung bis zur Waldstraße (17–20 Minuten) eine Taxe. Das Zimmer, in das ich gekommen [bin], teile ich mit einem kleinen dicken Brandenburger, [Gerhard][19] Kuhrmann, der aber noch nicht da ist.

---

16 Der Brief besteht aus zwei Bögen DIN A4 und einem Blatt DIN A5, beidseitig mit Tinte beschrieben.
Im Original ist als Datum »28. April 1936« angegeben. Es muss sich dabei um einen Schreibfehler gehandelt haben, da der Brief im Jahre 1937 geschrieben wurde, wie der spätere Brief vom 6. Mai 1937 bestätigt: »Ja und heute die Predigt, ging äußerlich glatt.«
17 Mit »seinen Jungens« sind seine Konfirmanden gemeint. Gerhard Krause, sein jüngerer Bruder, der 1936 Seminarist im Finkenwalder Seminar war, wohnte in Braunsfelde, einem Stadtteil von Stettin.
18 Unvollständige Sätze wurden vom Herausgeber in eckigen Klammern ergänzt.
19 Die Vornamen der genannten Personen wurden vom Herausgeber ergänzt.

Ich bin überhaupt der erste. Es liegt zu ebener Erde und hat ein *großes*, dreigeteiltes langes Fenster, ist mit gelblich brauner Leinenfarbe gestrichen. Zwei Betten, zwei Schränke (die wir uns je zur Hälfte teilen müssen), zwei Tische und ein Stuhl, zwei winzige Nachttischchen (!). Eine Art Sofa. Alles recht spartanisch, schadet auch nicht. Vielleicht machte auch das kahle Zimmer einen etwas drückenden Eindruck. Vorfand ich – stell Dir vor – neben einer Vormeldung, dass ich zum 20. 4. wahrscheinlich eingezogen würde, neben Drucksachen und einem Brief von Dr. Beer (der in der »D.Z.« über Volk-Staat-Kirche geschrieben [hat] und worauf ich doch geantwortet [habe]),[20] Deinen Brief. Ich war glücklich.

---

20 DZ steht für »Deutsche Zukunft. Wochenzeitung für Politik, Wirtschaft und Kultur«, eine zwischen Oktober 1933 und 1940 existierende Zeitschrift, in der zahlreiche nicht-nationalsozialistische Intellektuelle wie z. B. Gottfried Benn, Theodor Heuss und Adolf Reichwein publizierten, obgleich die Redaktion an ihrem Bekenntnis zum NS-Staat keinen Zweifel gelassen hatte. Dr. Willy Beer hatte in der »Deutschen Zukunft« (Nr. 9 vom 28.2.1937) über »Staat-Volk-Kirche« geschrieben. In diesem Beitrag betonte er, »Der Führer und Reichskanzler ist Gewähr dafür, dass vor dem staatlichen Denken *die Idee des Volkes* unwegdenkbar steht. Von ihr her kann der protestantischen Kirche des Reiches allein innere Kraft zuwachsen«.
In dem nicht veröffentlichten Leserbrief (Nachlass Winfrid Krause) schrieb Winfrid Krause, nachdem er den völkischen blutsmäßig gebundenen Rassismus führender »Deutscher Christen« klar und anschaulich bezeichnet hatte, Folgendes:
»Wenn Herr Dr. Beer schreibt: ›Von der *Idee des Volkes* her, kann der protestantischen Kirche des Reiches allein innere Kraft zuwachsen‹, so ist diese Auffassung als unchristlich und außerkirchlich abzulehnen und es wäre an 1. Korinther 2 zu erinnern, wo es heißt, ›dass der Glaube bestehe aus *Gottes Kraft*‹. Die Verwirklichung dieses Beer'schen Satzes bedeutet aber im Grunde nichts anderes, als die Aufrichtung des Primates des Staates – und zwar des weltanschaulich gebundenen Staates – in der Kirche. Dann – wenn es so geschehe – würde die Kirche staatlich-völkisches Organ und die unter großen Nöten und Leiden in den letzten Jahren gemachten Erkenntnisse (eben dass Verkündigung und Ordnung der Kirche nur vom Bekenntnis der Kirche her gestaltet werden können; zum Heile von Staat und Kirche!) müssten verworfen werden. [..] Nur eine Kirche, die aus der Kraft des gekreuzigten und auferstandenen Christus verkündigt, kann in echter Vollmacht ihrem Volke predigen.«

Ehe ich auspacken konnte, stellte mich Fritz Onnasch gleich an, zu tippen. Schließlich kam ich zum Auspacken. Der zur Verfügung stehende Raum ist äußerst gering! Meine Bücher habe ich zum Teil gar nicht auspacken können, die anderen oben auf dem einen Schrank. Keine Bücherrücken. Man darf ja nicht vergessen, dass von dem Mobiliar ja quasi das meiste aus Stiftungen zusammengekommen [ist] und dass man kein Geld für Anschaffungen hatte. Es wird auch so gehen.

Mit meinem Amt ist nicht – wie ich zuerst meinte – die Telefonbedienung verbunden. Sondern nur das Klingeln zur Andacht, Arbeitsstunden und Essen und das abendliche Abschließen des Hauses. Das geht also. Bettenmachen und Wasserholen und Ausgießen, sowie Stiefelputz wird von dem Kandidaten selbst getätigt!

Auf dem Plan steht bereits, dass ich am 6. Mai – Himmelfahrt – predigen muss.

Was das Äußere anlangt, wird es etwas primitiver als bisher, aber dafür wird das Innere dann hoffentlich zunehmen. Jetzt sind nur die Leute aus dem Bruderhaus dort, wirkliche »Männergesellschaft«.

Heute Morgen [nach Stettin] hereingefahren. Um 10.30 Uhr hatte [Hans] Asmussen Gottesdienst. Von wegen der Züge war ich schon um 9.45 Uhr da und bekam einen guten Platz. Um 10 Uhr war das Hauptschiff besetzt. Drei Emporen hat die Kirche. Alles füllte sich, im Mittelgang standen die Leute vom Altar bis zur Tür. Auch in den anderen Kirchen war es überfüllt. Man hatte ca. 90.000 Handzettel in Stettin verteilt. Der Besuch war natürlich kolossal. Man merkte geradezu viele, die nie sonst zur Kirche kommen. Und dann hat Asmussen über 1. Korinther 15,20–28 gepredigt. Wenn eine Predigt einen so richtig getroffen hat, dann ist's ja sehr schwer, was darüber zu sagen.

Er fing etwa damit an: Christus führt seine Gemeinde, die Kirche immer so, dass er scheinbar der Welt den Triumph über sie lässt. – Und diesen Gedanken führte er anhand des Textes durch. Er hat ja etwas wirklich Vorletztes in seiner Art zu reden und den Hörer wirklich unter das Kreuz zu schleifen, so dass man ihm nicht durch die Finger entwischen kann. Wie er immer wieder sagte: Ein einzelner mit Christus ist die Mehrzahl gegenüber der Masse und der vielen ohne Christus. Eine große ruhige Gewissheit klang in aller Not aus der Predigt. Und das andere: Nur durch Leiden werden die Christen vollkommen. Und dass uns sicher diese Leiden nicht erspart bleiben [werden], und dass die Frage nur ist: Wo stehen wir dann? Es war sehr eindrücklich und eben ein biblisches Zeugnis für den heutigen Menschen. Kann man etwas Höheres und Besseres von einer Predigt sagen?

Danach fuhr ich zu Gerhard [Krause] hinaus. Wurde mit ihm kurz zu seinen Bekannten zu Mittag geladen. Begrüßte dann [Martin] Franke und [Edo] Osterloh und dessen Frau, (Osterloh [hat] heute vormittags in der [Heinrich] Rendtorffschen Kirche gepredigt) und schreibe jetzt, um nachher [Karl Ferdinand] Müller in der Lindenallee zu besuchen und heute Abend in eine Kirche mit Gerhard [Krause] zu gehen, wo [Hugo] Hahn-Dresden und [Hans] Asmussen sprechen.

Nun aber Deine Briefe. Vorher zweierlei: Das Lateinheft – hurra! – war in Finkenwalde; Du bekommst es mit dem Bultmann, Glaube und Verstehen, in [den] nächsten Tagen. Die NT Theologie [Bultmanns], ja, an die komme ich nun nicht heran. Tatsächlich dumm, dass wir das nicht vorher bedachten. Vielleicht kann ich es Mutter klar machen, wo es steht. Aber Verlass ist nicht darauf, obwohl es natürlich herrlich wäre, wenn Du daraus in etwa ersehen könntest, was Bultmann verlangt, zumal er da ja ausführlich übers AT geredet hat.

Ferner: Sprich, so voll Du kannst, gegen diese angebliche neue Leitung unter [August] Marahrens. Ganz böse Sache der Mitte. Der abwartende Instinkt der weiblichen »Helfer« gereicht ihnen nur zur Ehre. Osterloh, der ja [Hans] von Soden liebt und schätzt, schlug die Hände über dem Kopf zusammen, als ich ihm erzählte, dass [Hans] von Soden für diese »Leitung« [sei]. Dieses Gremium hat die Landeskirchenführerkonferenz (also die Mitte, die Kriegsgewinnler des Kirchenkampfes) herausgestellt. Man hat vorher kein Wort mit der V. K. L. verhandelt. Die Folge ist, dass sich die V. K. L. – sprich BK – nicht daran beteiligt, sondern ein klares Wort dagegen gesagt [hat], warum dieser Weg unmöglich [ist]. Asmussen [hat] gesagt: Das ist keine vorläufige Leitung, sondern eine nachläufige! Ich verstehe [von] Soden wahrhaftig nicht. Das erste Wort, dass diese »nachläufige« hat bekannt geben wollen, ist beschlagnahmt. Das also zur Aufklärung.[21]

[...]

Mit der Auswahl im Kindergottesdienst sei nicht zu ängstlich. Ob eines berühmten Ausgelassenen (christologische Kämpfe der ersten Jahrhunderte) passiert Dir nichts, wenn Du die große Linie kennst. – Was heißt »in kirchlichen Kreisen besseres Weltkind?«[22] Asmussen [hat] heute gesagt: Die letzte Frage ist nicht die, ob Du zur Bekennenden Kirche gehörst, sondern die, ob Du Christus gehörst oder nicht (1. Kor 15,23). Was wohl aus der Studentenevangelisation wird?

[...]

Mit dem Lesen des exegetischen Teiles der Morgenwache, also dem schwarz-weißen Buch, bin ich lässig.[23] Ich gestehe es. Lasse mich aber von Dir zur Ordnung rufen. Danke. Will mich nun wieder bessern. Muss mal sehen, wie es jetzt im Seminar wird, wo wir ja morgens und abends zusammen lesen. Mit den Psalmen sind wir, glaube ich, verschieden weit. Ich bin am Montag bei 119,73–96. Du auch oder [bist du] schon weiter? Schreib's, wie wir wieder zusammenkommen.

Friedegard hatte ihm am 16. April 1937 geschrieben:
Du, ich freue mich so für Dich, dass Du es so ruhig hast und zu so viel kommst. Briefe und Fotos. Wirklich. Deine Briefe sind auch so schön still.

---

21 Die Kritik Winfrids galt der Leitung der »Vorläufigen Kirchenleitung« (VKL) unter dem Hannoveraner Bischof August Marahrens. »Da das nationalsozialistische Regime in die Ordnung der lutherischen Landeskirchen von Hannover, Württemberg und Bayern nicht eingegriffen hatte, und diese Kirchen insofern ›intakt‹ geblieben waren, hatten sie gegen die staatliche Kirchenpolitik weniger einzuwenden als die Evangelische Kirche der Altpreußischen Union, in die sich der Staat im Juni 1933 zerstörend eingeschaltet hatte.« DBW, Finkenwalder Rundbriefe, 168 (FN 54). Winfrids Kritik gegenüber »den Intakten« zieht sich durch den ganzen Briefopus.
22 Dieser Ausdruck findet sich in den Briefen an Friedegard vor und nach dem 18. April 1937 nicht.
23 Morgenwache. Hilfe zum täglichen Bibellesen für das Jahr ... . Die Zeitschrift erschien von 1925–1974, zunächst im Aussaat Verlag Barmen, später im Aussaat Verlag Wuppertal, dann im Brunnen Verlag Gießen.

Und warum fährst Du so früh nach Finkenwalde? Es geht doch erst Montag los. Das verstehe ich nicht! Was willst Du denn da alleine?

Du, Du musst nun da alles ganz genau beschreiben. Räume und all die Jungens, und wie es mit Direktor und Inspektor geht. Freust Du Dich denn? – Hoffentlich hast Du eine nette Crew.

[…]

Jetzt weiß ich, warum Du nach Stettin fährst, wegen [Hans] Asmussen und all denen. Köpfchen!

2

19. April 1937, Finkenwalde, Waldstraße 5[24]

Meine Sachen sind ausgepackt und stehen einigermaßen um mich herum. Und die Fremdheit von Zimmer und Haus beginnt schon ein ganz klein wenig zu weichen.

[…] [Hans] Asmussen gestern Abend war ganz groß. Vorher [Hugo] Jahn-Dresden. Der »Glaubensvater Luther« kennzeichnet ihn. Richtig baltisch, bieder und fest und lutherisch. Manches nicht ganz klar. Natürlich auch etwa der beste Christ = der beste N. S. (aber nicht als Tenor, sondern nebenbei). Immerhin, es war nichts Unmögliches, und für die Gemeinde gar nicht übel, gerade als Kontrast zu Asmussen, und doch »zweier Zeugen Mund«. Asmussen »sprach«, d. h. er predigte nicht. Aber schon nach ein, zwei Sätzen hatte er die wieder überfüllte Kirche im Banne (es musste im Gemeindehaus eine Parallelversammlung organisiert werden). Asmussen sprach von der Freiheit der Kirchenwahl (und wie sie in Praxis aussieht) und von dem Wollen des Staates ([Hanns] Kerrl)[25] mit der Kirche und von den nachweisbar nicht gemilderten Bedrückungen der BK. Und er legte das alles – in einer unausweichlich geistlichen Art – auf uns Hörer, als eine Last auf die Gemeinde, die zum Tragen gerufen war und gerufen ist. Es war wirklich packend und die Gemeinde lautlos still [siehe Abbildung 2].

---

24 Der Brief besteht aus einem mittig gefalteten DIN A4-Bogen, sodass vier mit Tinte beschriebene Seiten im DIN A5-Format entstehen.

25 Hanns Kerrl, Nationalsozialist, ab 1935 Reichsminister für kirchliche Angelegenheiten.

Christus, der Herr der Kirche

Sonntag, den 18. April 1937

Bekenntnissonntag für das evangelische Stettin

10 Uhr **Kreuzkirche:** Pastor Riethmüller-Berlin (Burckhardthaus).
 " **Gertrudkirche:** Pastor Prof. D. Rendtorff-Braunsfelde.
 " **Wartburgkirche:** Pastor Osterloh-Berlin.
 " **Lutherkirche Züllchow:** Präses Pastor Scharf-Oranienburg.
10³⁰ Uhr **Schloßkirche:** Pastor Asmussen-Berlin.
17 Uhr **Matthäuskirche:** Pastor Prof. D. Rendtorff-Braunsfelde und Pastor Osterloh-Berlin.
 " **Heilandskirche:** Pastor Riethmüller-Berlin und Superintendent Onnasch-Köslin.
20 Uhr **Friedenskirche:** Superintendent Hahn-Dresden und Pastor Asmussen-Berlin.
 " **Wartburgkirche:** Pastor Hinz-Kolberg und Superintendent Onnasch-Köslin.

Wir rufen unsere Gemeinden!

Baumann. Braun. Burgwitz. Dicke. Domke. Franke. Heinz. Hoeppener Pagenkopf. Rauch. Reichmuth. Rendtorff. Schulze. Tettenborn. Ufarski.

Druck: Esch & Habeck. Stettin

Abb. 2: Aufruf von BK-Geistlichen der altpreußischen Union zu einem Bekenntnisgottesdienst am 18. April 1937, an dem Winfrid Krause teilnahm, und über den er im ersten und im zweiten Brief berichtete. Viele der in seinen Briefen genannten Pastoren sind in diesem Aufruf versammelt.

Nachher saßen Gerhard und ich und [Friedrich-Justus] Perels mit Asmussen und Frau [Elsbeth] und [Edo] Osterloh und Frau noch zusammen bis etwa 23 Uhr, wo Asmussen nach dem zweiten Glas Bier mächtig auftaute. Es war eine schöne Runde, wie Du Dir denken kannst. Auch hat er seinerseits fest vor, zu unserer Freizeit zu kommen und über die lutherische Abendmahlslehre zu sprechen. [Eberhard] Baumann über die reformierte [Abendmahlslehre]. – Dass ich am Himmelfahrtstage hier predigen soll, schrieb ich wohl gestern.

Ansonsten beginnen die ersten Leute zu kommen. Wie alles wird, ist noch gar nicht zu übersehen.

Hier in der Nähe ist ein Flugplatz und so kommt es, dass ununterbrochen das Gesurre, Geschlurche und Dröhnen der Flugzeuge aller Schattierungen die Luft erzittern lässt.

Nun, man wird sich daran gewöhnen wie an vieles andere auch.

3

Finkenwalde, des Führers Geburtstag [20. April] 1937[26]

Inzwischen sind die Boys nun eingerückt. Nette Jungens darunter. Einen, den ich von Berlin her gern hatte (so menschlich typisch lieb), stand plötzlich da. Ein alter aus Bethel, den ich kannte. Einer sagte: »Sind Sie der Winfrid Krause, der 1934 in der ›Pastoraltheologie‹ den Aufsatz über Delekat geschrieben?« Ich glaube, es lässt sich an.

Ja, es sind ein großer und zwei kleinere Schlafräume da, die von den Kursteilnehmern belegt sind. Nur wir mit Bett im Zimmer. Mein Stubennachbar – 06 geboren – etwas kleiner als ich, ziemlich, Brille, Lehrers Sohn, Jura ganz studiert, aber wohl kein Examen. Theologe. Macht einen stillen und verträglichen Eindruck, Berliner, hat scheinbar eine Menge schon durchgemacht. Ja und andere. Einen Anhalter Pfarrerssohn, der gerade jetzt mit seinem Freund (in ganz Anhalt die beiden einzigen BK-Kandidaten!) aus dem Anhalter Kirchendienst herausgeworfen ist; Anhalt wird ja thüringisch D. C.-lich regiert. Wie Mecklenburg und Thüringen. Sein Vater gehört nicht zur BK.

---

26 Der Brief besteht aus einem beidseitig beschriebenen DIN A4-Bogen.

Gegen dessen Willen er zur BK, sehr traurig, aber der Junge kann einem gefallen, nicht nur weil er gut aussieht und den herrlichen Namen trägt: – [Wolfgang] Krause. So haben wir zwei Krause hier, die aber nicht verwandt.

Über den Tageslauf schreibe ich in den nächsten Tagen. Das Seminar bleibt Pfingsten hier, hat aber etwa vom 12.–22. Juli frei. In dieser Zeit fährt Bonhoeffer zur ökumenischen Konferenz.[27] Sollten wir in dieser Zeit was unternehmen?

4

Finkenwalde, am 21. April 1937[28]

Ja, »Morgenwache« lese ich wieder, meist den Text jetzt sogar gründlich, was aber langsam geht. Ich lasse Dich also nicht allein. Das »zeitlebens was Bestimmtes Weiterlesen« hat ja andererseits das Gute, das man weiß: Dieser und dieser von jenem Geiste geprägte Kreis liest und meditiert diesen bestimmten Text mit mir und den meinen. [...]

[Eberhard] Baumann und [Hans] Asmussen kommen nun doch nicht zur Freizeit, weil gerade am Mittwoch (28. 4.) die konfessionellen Konvente zur Vorbereitung der Preußensynode (wahrscheinlich vor Pfingsten) tagen. Ich plädiere für Verschiebung der Freizeit. Bis August soll es eine pommersche Landessynode geben.

Friedegard hatte hierzu am 19. April 1937 an Winfrid geschrieben:
Du, Du musst die Morgenwache lesen. Ich lese sie immer. Lass mich nicht so allein! Lest Ihr denn nicht dasselbe? Es ist doch die Bibellese für alle. Ich bin ja überhaupt so etwas böse auf Finkenwalde; es ist so ›total‹. Und dann sollt Ihr zeitlebens uns Bestimmtes weiterlesen? Und ich? Und die große Bibellese?

---

27 Vgl. Bonhoeffer: DBW 14,I/137, 277–280. Die vom 12.–26. Juli 1937 in Oxford stattgefundene Weltkirchenkonferenz fand schließlich ohne deutsche Delegierte statt (Bonhoeffer: DBW 14, 1048).
28 Der Brief besteht aus einem beidseitig beschriebenen DIN A4-Bogen.

5

Finkenwalde, am 22. April 1937[29]

Unsere Freizeit ist vorläufig verschoben, eben weil Preußensynode kommt und Baumann-Asmussen daher nicht können.[30] Nachher will ich nach Stettin zum Wehrbezirkskommando. »Andreas Nyland« ein ganz seltsames (fast dostojewskisches) Buch.[31]

6

Finkenwalde, am 22. April 1937[32]

Und dann dieses, Du: RUHE, RUHE, RUHE ist die erste Examenspflicht. Weder zum Verzweifeln noch zum Heulen. Auf Stimmen, die sagen: Das und das muss »man« noch wissen, grundsätzlich nicht hören. Verwirren einen nur. Du schaffst es schon durchaus. Ich bin dessen ganz, ganz sicher, ohne jeden Zweifel. Sei fröhlich! Dein Brief macht mir große innere Freude. Wie kannst Du da betrübt sein?

7

Finkenwalde, am 23. April 1937[33]

Doch zu Deinem Brief noch einiges: Den Brief von Dr. [Willy] Beer schicke ich nächstens. Ich erwäge noch, ob ich ihn einer oder keiner Antwort würdigen soll.

---

29 Die Ansichtskarte »Des Winters Reich« zeigt verschneite Tannen in einer Winterlandschaft. – Zum Wehrbezirkskommando ging er, um einen erhaltenen Einberufungsbefehl zu verschieben, was gelingen sollte.
30 Diese Bekenntnis-Synode der Altpreußischen Union fand vom 11.–13. Mai 1937 in Halle statt, vgl. DBW 14, 1048.
31 Ernst Wiechert: Der Knecht Gottes Andreas Nyland. Roman. Berlin 1926.
32 Die Ansichtskarte »Gute alte Zeit« zeigt einen von der Straßenlaterne beleuchteten Aufgang in ein Bürgerhaus, von einer gepflasterten Straße aus.
33 Der Brief besteht aus einem beidseitig beschriebenen DIN A4-Bogen.

Von Gott und Christus zu reden, eine Scheu zu haben, ist etwas, was man vorsichtig behüten muss. Wir Theologen sind ja in der großen Gefahr, alle diese großen Dinge zu Worten zu machen, mit denen wir herumjonglieren wie mit Tellern auf Stöcken. Fällt einer hin, wird er wieder aufgehoben. Ja, es ist gut, dass Du mich auch daran mahnst und erinnerst. Das alles, diese Scheu, ist keine Oberflächlichkeit.

Freilich habe ich gestern ein Gespräch gehabt, wo mir fast der Atem stockte. Der [Karl-Heinz] Corbach, den ich aus Berlin kenne und eben typisch gern habe, fing auf einmal davon an, wie er »vom Leben angeschmiert sei«. Drei Kinder. Vater – Direktor eines deutschen Waisenhauses in London. Im Krieg gefallen. Mutter und Kinder 1919 aus England rausgeworfen. Total mittellos. Kinder klug und [haben] mit Freischule und Stipendien sich richtig durchgehungert. Der Junge und sein Bruder ein Handwerk gelernt (Korbflechten und -machen), damit Geld verdient und studiert. Und dann so zwischendurch der Satz: »Mit irdischen Gütern war und werde ich wohl nie gesegnet sein.« – Und [Johannes] Taube? Vater seit langem tot. Er kommt aus ganz kleinen Verhältnissen. Mutter lebt – sage und schreibe – von einer Rente von 5.90 (ich glaube, in der Woche). Er [hat] also kein Geld. Viel [hat er] geschenkt [bekommen] und sich auch durchgehungert. Ja, da kam ich mir mit meinen letzten Jahren mit Reisen II. Klasse und mit Autofahren und jetzt 20 Mark Taschengeld allerdings tief beschämt vor. Ein Armer kann den Reichen das Evangelium predigen, aber auch ein Reicher den Armen? Ich weiß es nicht. Aber mir ist das (nach meiner ungefähren Beobachtung sind noch andere ähnlichen Verhältnissen entstammende Jungens hier) eine Frage geworden. Auch der Nyland ist ein fragendes Buch hierzu.[34] Und Corbach ist auch verlobt und sie haben nichts! Und doch ist er bei der BK, wo er doch wahrlich nichts erben kann!

Was aber sind das alles für Vorstellungen, denen wir im Kreise unserer beiderseitigen Verwandten und Bekannten hier und da begegnen: 150 Mark, ausgeschlossen, davon zu leben. Wir wachsen sowieso in eine Epoche hinein, wo das »standesgemäße Leben« ganz anders sein wird. Vielleicht ist es dann standesgemäß, mit

---

34 Ernst Wiechert: Der Knecht Gottes Andreas Nyland. Roman. Berlin 1926.

einem Dach über dem Kopf (und womöglich noch mit einigen eingerichteten Zimmern) zu den Allerärmsten zu gehören. Mir ist aus solchen Gesprächen mit einem Mal immer meine ganze Anspruchsfülle lebendig, und wie viel ich davon noch ausbrechen muss; sicher, indem ich Matthäus 6,33 nicht vergesse.[35] Denn das alte Gesetz der Bibel: Wer arbeitet, soll auch essen, bleibt trotzdem eines jener unumstößlichen Grundgesetze.

8

Finkenwalde, am 24. April 1937[36]
(Werner de Boor Geburtstag)

Unser Tag sieht so aus: Morgens um 6.55 Uhr rattert mein Wecker und Bruder [Gerhard] Kuhrmann drückt dreimal herzhaft auf den Klingelknopf an seinem Bett. Um 7.00 Uhr wird einmal geklingelt. Danach erhebe ich mich unter sichtlichen Äußerungen des Missfallens, wanke auf den »Waschtisch« (leicht euphemistisch!) zu, pfeffere die Pyjamajacke aufs Bett zurück und wasche mich, gurgle kräftig – Wasser lange im Munde, wie ich es von meiner Anverlobten gelehrt bekommen [habe] – und bekleide mich, putze meine Schuhe und »gehe nochmal«. Dann ist es 7.25 Uhr, wieder wird dreimal herzhaft geklingelt, alles sammelt sich im ungedeckten Speisezimmer. Um 7.30 Uhr einmal läuten, die Andacht beginnt. Zuerst lesen wir einen oder zwei Psalmen, bei Psalm 1 angefangen, aus dem Vorredenpsalter, und zwar so, dass die eine oder andere Hälfte abwechselnd im Chor je eine Zeile lesen; also als Chorgebete, wie sie ja ursprünglich auch gedacht waren. Abgeschlossen wird das Psalm Lesen mit der von allen gesprochenen Doxologie »Ehre sei dem Vater ...«. Dann liest – nach einem Liede – einer ein Kapitel aus

---

35 Matthäus 6,31–33: »Darum sollt Ihr nicht sorgen und sagen: Was werden wir essen? Was werden wir trinken? Womit werden wir uns kleiden? Nach dem allen trachten die Heiden. Denn euer himmlischer Vater weiß, dass Ihr all dessen bedürft. Trachtet zuerst nach dem Reich Gottes und nach seiner Gerechtigkeit, so wird euch das alles zufallen.«

36 Der Brief besteht aus einem beidseitig beschriebenen DIN A4-Bogen.

dem AT. Wir lesen die kleinen Propheten, jetzt Hosea. Danach ein für eine Woche fester Vers, danach eine Lesung aus dem NT, jetzt sind wir bei den Thessalonikern – an die n. A. liche [nicht verstehbare Worte] Lesung aus dem NT schließt sich das Morgengebet, das Bonhoeffer frei spricht und mit einem gemeinsamen »Vaterunser« von allen beendet wird. Danach eine für eine Woche fest stehende Schlussstrophe. Das Ganze dauert etwa 15–20 Minuten. Über die Gebete von Bonhoeffer [berichte ich] bei der Abendandacht. – Nach der Morgenandacht sind etwa 10 Minuten Zeit für Zimmermachen (Bett, Waschgelegenheit), um 8.00 Uhr gibt's Kaffee. Etwa bis 8.20 Uhr dann einen zehnminütiger Spaziergang, meist dem Postboten entgegen oder Klönen oder frei. Um 8.30 Uhr beginnt die »Stille Zeit«. Hier breche ich ab, um morgen fortzufahren.

Dein Urteil über [die] Andacht etc. halte noch so lange zurück, bis Du den ganzen Tageslauf erzählt bekommen hast. Übrigens zu Deiner Beruhigung und Aussöhnung über Finkenwalde: Die Bibellese wird nicht von den »Finkenwaldern« immer gemeinsam später gelesen. Wir können also lesen, was wir wollen, wenn wir verheiratet sind. Gemeinsam ist die Meditation später. Aber davon morgen.

9

Finkenwalde, am 25.4.1937 [erster Brief an diesem Tag][37]

Gestern hatten wir unseren Gottesdienst in der Notkapelle unten. Dann war man ganz faul nach der Wochenarbeit, und außer dem Brief an Dich und etwas Bibelkunde = AT habe ich nichts getan. Nachmittags las ich [Fritz] Reuter vor als Sonntagslesung. Beim Frühstück morgens lesen wir jetzt (immer der allabendliche Lektor von der Andacht, der von dem nächst Abendlichen abgelöst wird) von R. Thiel »Luther« in Auswahl.[38]

Aber nun den Tageslauf mal weiter. Bis zum Mittag um 13.00 Uhr war ich ja wohl. Der Nachmittag und Abend ist grundsätzlich frei.

---

[37] Der Brief besteht aus einem beidseitig beschriebenen DIN A4-Bogen.
[38] Rudolf Thiel: Luther von 1522–1546. Berlin 1935 (Auflagen bis in die 1950er Jahre).

D. h. nach Tisch spiele ich meist einige Partien Pingpong – habe mich sogar in den Besitz eines Balles versetzt! – oder lege mich kurz hin. Um 15.30 Uhr ist Kaffee, nicht obligatorisch. Am Dienstag ist der Vormittag ab 9.20 Uhr frei und die ganzen katechetischen Übungen liegen nachmittags und abends. Um 7.00 Uhr Abendbrot, um dreiviertel zehn Abendandacht, die genauso aufgebaut ist wie die Morgenandacht. Die Abendgebete von Bonhoeffer sind immer besonders ernst und fein. Immer die Fürbitte für die Brüder im Amt, »die aus diesem Hause ausgegangen« –, diese Bruderschaft, für die verfolgten und bedrängten Brüder. Es wäre schon schön, wenn Du das einmal mitmachen könntest. Ich sehe nur meine Ferien und Deine Wissen-Reise kollidieren! Nach der Abendandacht soll auf den Gängen nicht mehr gesprochen werden, ebenso wie vor der Morgenandacht nicht. Um 11.30 Uhr soll man ins Bett gehen. Aber wir beide [in] diesem Zimmer sind davon ja ausgenommen, weil nicht auf einem Schlafsaal. – So etwa ist der Tag. Den Psalm (<u>unseren</u>) lese ich meist vorm Licht ausmachen.

10

Finkenwalde, am 25.4.1937 [Zweiter Brief an diesem Tag][39]

Das mit der Studentenevangelisation, tja, das ist recht schwierig. »Kraftstrotzend und arbeitsfroh« – in dieser Ungebrochenheit kann der Christ kaum reden. Aber eben nur Gesetz und nicht Evangelium, – ist natürlich auch nicht richtig. [...]

Ja und Eckbert[40]: Ich habe mehrfach in den Tagen nach meinem Vortrag gesagt zu ihm: Wir wollen noch mal darüber sprechen, aber ich hatte das ganz starke Empfinden, er wich diesem Sprechen aus. Einer der Brüder hier ist noch in der SA. Auch er steht vor der Frage des PG [Parteigenosse]-Werdens. Wir wissen aber, dass niemand PG zu werden braucht, der nicht will. Eckbert soll sich nicht hinter dem sicher ausgeübten moralischen Druck verstecken und es wer-

---

39 Der Brief besteht aus zwei jeweils beidseitig beschriebenen DIN A4-Blättern.
40 Eckbert Vilmar war ein Bruder von Friedegard.

den, wenn er es nicht mit Überzeugung tut. Das würde ich als feige ansehen. Denn warum ist vieles so gekommen wie es ist: Weil 1933 so viele von uns feige waren, und weil sie dem psychischen und physischen Gewaltansturm jener Massenwalze nichts entgegenzusetzen hatten. Heute wissen wir das. Und entgegenzusetzen ist in der Tat nur die geistliche Kraft! Nicht dem NS entgegenzusetzen, nein, aber der eigenen Feigheit, dem eigenen kapitulieren Wollen. Ich halte Eckbert wirklich nicht für ganz so dumm, dass er glaubt, das PG-Werden »verpflichte zu nichts«. Dieses Versteck-Manöver wird ihm ja keiner von Euch abgenommen haben. Es verpflichtet allerdings zu allem! Es verpflichtet dazu, dass er die staatliche Totalität nicht nur auf seinen Leib und Leben (das würde ich auch anerkennen), sondern auf sein Gewissen, Seele, Geist anerkennt. Und der Unterschied von 1933 und 37 ist der, dass wir eben wissen, wie der Staat diese Totalität verstanden sehen will. Ich rate ihm nicht ab, in die Partei zu gehen, aber ich sage, dass – wenn er es nicht ehrlich und hundertprozentig kann – dann ist es keine »Auszeichnung«, sondern die Wiederholung des Vorgangs von 33, das gewechselte Hemd, eine Feigheit. Um ihr zu entgehen, müsste er den Rauswurf aus der SA riskieren, und in demselben Augenblick würde klar, ob seine noch vorhandene geistliche Bindung tote Tradition oder lebendige Wirklichkeit ist. Ihm zu dieser eben genannten Scheidung zu verhelfen, ist unsere Aufgabe. Und siehe da: Christus ist der Scheideweg, der Eckstein bei diesen Dingen.

Eckbert ist in dem Alter der Gärung, darum muss man ihm vorsichtig helfen. In diesem Alter liest man Nietzsche. Tat ich auch. Frage ist nur, ob man ihn dann eines Tages auch wieder in die Ecke schmeißen kann, dass es knallt, weil er einen mit jämmerlicher Verzweiflung und dem Phantom eines gedachten Übermenschen zurücklässt. Dann kann man Nietzsche wieder lesen, aber anders. Wer ihn aber vorher nicht einmal wegwirft, dann erst ist es bedenklich.

Das wirst Du nun einmal auf dich nehmen als »Vorbelastung«, dass Du die Braut eines Pastors bist. Aber ist dieses Denken mit »Vor«- und »Unbelastung« nicht ganz verkehrt? Waren nicht alle Zeugen Jesu »vorbelastet«? Die einen waren Juden, welche Vorbelastung. Die anderen: »Verfolger«, welche Vorbelastung. Aber ist damit ihr Zeugnis abgeschwächt? Wenn er dir Dein Zeugnis nicht glaubt, weil Du Pfarrfrau wirst, dann liegt es nicht am Zeugnis, sondern an seinem Misstrauen zu Dir. Ja, ein solches Misstrauen wäre einer traurigen Diffamierung gleich. Sie »muss so reden«, heißt auf Deutsch: Sie hat keine eigene Meinung, ich nehme sie – eben diese meine Schwester – nicht für voll, ja ich kann sie dann im Grunde nur verachten. Du siehst: Diese Vorbelastung kommt immer dort zustande, wo der eine dem anderen die Achtung, den schuldigen Ehrendienst, nicht gewährt. Nur weil Du dieses von Eckbert kaum annehmen willst, darum sollte Dich diese »Vorbelastung« nicht kümmern!

Es geht bei Eckbert wirklich um die Frage: Mein Christentum als existenzielle Wirklichkeit oder tote Tradition. Wenn dieses, dann über Bord damit.

Kann ich irgendwie etwas helfen? Soll ich ihm schreiben? Kannst Du ihn nicht veranlassen, mir einmal zu schreiben, was ihm an meinem Vortrag missfallen hat? Das wäre doch ein Weg für mich, mit ihm ins Gespräch zu kommen. Kannst ihm ja sagen, dass ich darum gebeten habe. –

[...] Übrigens von hier: [Johannes] Taube so arm, dass er seine Kleidung vorwiegend von anderen geschenkt bekommen [hat]. Als Sonntagsanzug hat er einen – Lutherrock. Er ist fröhlich, aber ich spüre doch irgendwie, dass es für ihn nicht leicht sein kann. Ich überlege, ob ich ihm meinen alten schwarzen Anzug schenke. Der ja doch ziemlich gut ist, mir noch ein wenig klein; wenn der ausgebürstet und gebügelt [ist], wäre das was Herrliches, und ich habe ja noch einen guten schwarzen, der ja immerhin auch schon seine vier Jahre alt ist. Aber wie ihm das beibringen? Schilt nicht über solche meine Gedanken, dass ich anfangen will, von meinem (nun ja auch nicht gerade sehr großen) Besitz was zu verschenken, aber irgendwie beschäftigt mich das ganz stark. Ich kann mir nicht helfen. Ich sage natürlich noch gar nichts. Auch um ihn nicht mir gegenüber zu belasten, und ich will ausdrücklich erst Deine Auffassung hören. Aber Du verstehst es, ja. Es ist nicht eine milde Regung sentimentaler Art, sondern wirklich die Not des anderen, die mich quält. Und ich habe doch mehr Anzüge.

Nun noch schnell etwas weiter im Tageslauf:

Um 8.30 Uhr bis 9.00 Uhr ist stille Zeit. Da meditieren wir eine ganze Woche über einen Text. Die vergangene: 1. Timotheus 1,1–17. In dieser Zeit wird nicht gesprochen, jeder sitzt über seinem Text und lässt ihn zu sich reden. Man kann in dieser Zeit noch Fürbitte tun und soll sich sagen lassen, was der Text gerade mir sagt. Und alle alten Finkenwalder sammeln sich täglich um denselben Meditationstext. Die vorige Pfarrergeneration hat wohl weithin nicht genug in die Bibel gehört. Darum dies. Von 9–9.20 Uhr griechisches NT übersetzen auf den Zimmern; laut, immer die Stubennachbarn zusammen. Ich lese jetzt Apostelgeschichte. Von 9.30 Uhr bis etwa 12, 12.15 Uhr sind mit einer Pause Übungen und Vorlesungen.[41] In der Pause gibt's zwei Brötchen. Die Stunden sind mehr Besprechungen. Bonhoeffer und Onnasch. Die Stunden liegen auch nicht zeitlich fest. Soweit man kommt. Der Vormittag, also bis 12.15 Uhr ist in etwa 3 Stunden eingeteilt. Um 12.30 Uhr bis 13 Uhr ist Singen in der Notkapelle. Choräle, alte Sätze, Kanons. Um 13.00 Uhr Mittag. Essen immer ganz groß! Über die Vorlesungen im Einzelnen und den Nachmittag später.

Es hat gegongt. Ich muss zum Kaffee. Nachher von ½ 18–19 vorlesen. Ich bin in der Literaturkommission. Heute lesen wir [Fritz] Reuter. Jeden Sonntag in dieser Zeit gemeinsames Vorlesen guter Sachen aller Gebiete.

11

Finkenwalde, am 27.4.1937[42]

Denk dir: Ein Bruder aus Frankfurt/M. erzählt mir heute, dass Ernst Pohle vor etwa acht Tagen Selbstmord gemacht hat. Wie furchtbar. Und ich bin tief erschrocken über die seltsamen Wege, die wir ge-

---

41 Zwei solcher Vorlesungen Bonhoeffers im Fünften Kurs in: Bonhoeffer: DBW 14, 820–829 (»Gemeindeaufbau und Gemeindezucht im Neuen Testament«) und Bonhoeffer: DBW 14, 829–847 (»Schlüsselgewalt und Gemeindezucht im Neuen Testament«).
42 Der Brief besteht aus einem beidseitig beschriebenen DIN A4-Bogen.

führt werden. Einer von uns drei »ersten« ist nun auf diese Weise gegangen. Ob Du etwas Näheres erfahren kannst?[43]

Mit den Psalmen stimmt es, wie Du schriebst: Dienstag bis Sonnabend: 122–126. Gern lese ich in der letzten J[ungen] K[irche] und mit Freude, dass Du durch Anstreichen mich schon auf das Wichtigste hingewiesen [hast]. Auch stellte ich fest, dass Du doch mit Lineal arbeiten kannst; aber bei der JK ist das nicht unbedingt nötig. Ich bin froh, wenn Du sie mir so »vor«-liest. –[44]

Du wolltest dir doch »Ein neues Lied« oder »Der helle Ton« anschaffen. In diesen Wochen bringt die Jungenwacht den »Hellen Ton« mit Anhang als Jungenwacht-Liederbuch heraus. Soweit »Heller Ton«, sind Lieder und Nummern gleich; nur ein besonderer Anhang. Das will ich mir dann kaufen.

Nun noch zu Deinem Aktenbogen-Sonntagsbrief: Gerade heute habe ich bei der kursorischen Lektüre »Ananias« und Gamaliel übersetzt. Warum soll A. nicht tot umgefallen sein? Unser Verstand will das nicht fassen, aber wenn ich diesen Text als Zeugnis eines Ereignisses nehme, das von einer plötzlichen Bestrafung zeugt, warum soll ich das nicht glauben, wenn ich doch glaube: dass Christus mir meine vielen Sünden vergibt, – und das ist doch wahrhaftig noch gewaltiger, erstaunlicher und mit dem Köpfchen unfassbarer als dass Ananias stirbt!

---

43 In den Briefen von Friedegard Vilmar an Winfrid vom 28. April bis 5. Mai 1937 ist Ernst Pohle nicht erwähnt worden.

44 Die Zeitschrift »Junge Kirche« wurde von Günther Ruprecht (der damalige Leiter des Göttinger Verlages Vandenhoeck & Ruprecht) in Berlin 1933 als »Mitteilungsblatt der Jungreformatorischen Bewegung« gegründet. Sie wurde als Halbmonatszeitschrift in dem eigens dafür gegründeten Verlag Junge Kirche verlegt. Themenschwerpunkte waren unter anderem »Reformatorisches Christentum«, »Politische Gleichschaltung der evangelischen Kirche« sowie »Glaube, Bibel, Kirche und Gesellschaft«. Die »Junge Kirche« gilt als wichtigste Publikation auf dem Gebiet der überregionalen kirchlichen Presse unter NS-Herrschaft. Junge Kirche – Wikipedia (Zugriff am 6.6.2024).

12

Finkenwalde am 28.4.1937[45]

Heute Vormittag (Mittwochs!) Predigtübungen. Einer muss eine Predigt machen, die anderen Entwürfe zu demselben Text. Dann wird die Predigt vorgelesen und nach Gesichtspunkten besprochen, etwa: Form, Stil, Aufbau/Gemeindemäßigkeit und Verständlichkeit/textgemäß/schriftgemäß/Zeugnis von Christus usw. Ich habe zum 16. Juni über die eherne Schlange eine solche Predigt zu machen. Während diese Predigten genau durchgegangen und besprochen werden, werden die von uns gehaltenen Sonntagspredigten und Mittwochsandachten nicht besprochen oder kritisiert, damit das wirklich Verkündigung bleibt.

Morgen Vormittag ist erst AT (vertiefte Bibelkunde bei [Fritz] Onnasch; wir sind in der Genesis), dann Kirchenordnungen. Da lesen wir den melanchthonischen »Unterricht der Visitatoren«[46] und dann [Johannes] Bugenhagens – Pomeranus – Kirchenordnung.[47] Ach übrigens: Hast Du von Otto Weber die zweibändige »Bibelkunde des AT«[48]? Ausgezeichnetes Buch!

Ja und dann: Wir müssen im Lauf des Semesters jeder ein größeres, wenn möglich älteres Werk durcharbeiten und am Ende darüber referieren. Und da habe ich A. F. C.'s [Vilmar] »Dogmatik«[49] angegeben, an die ich (sowie den Rest von Trillhaas »Predigtlehre«, bei der ich bin, zu Ende habe)[50] mich machen will. Ich rechne mit einer Woche.

---

45 Der Brief besteht aus einem beidseitig beschriebenen DIN A4-Bogen.
46 Philipp Melanchthon: Unterricht der Visitatoren. 1528. In: Melanchthons Werke, Band I (1951), S. 215–271.
47 Johannes Bugenhagen schuf zahlreiche Kirchenordnungen, so u. a. auch für Pommern. Er war Reisender Luthers in Sachen Kirchenordnung, auch z. B. für Braunschweig und Hamburg.
48 Otto Weber: Bibelkunde des Alten Testaments (bis in unsere Tage lieferbar, zuletzt im Luther Verlag).
49 Dogmatik. Akademische Vorlesungen von Dr. A. F. C. Vilmar, weiland ordentlicher Professor der Theologie zu Marburg. Nach dessen Tode herausgegeben von Dr. K. W. Piderit. Zwei Teile. Gütersloh 1874.
50 Wolfgang Trillhaas (1903–1995): Evangelische Predigtlehre. 1935 (bis in unsere Tage weitere Auflagen).

Da ich das sehr genau machen muss und will – weil ich ja nur die reformierte Dogmatik Barths kenne – wird mir ein Entbehren des A.F.C. jetzt sehr schwer. Was tun? Hatte Papa [Schwiegervater Wilhelm Vilmar][51] sie nicht noch mal? Und wenn ich sie jetzt im Sommer nicht durcharbeite, komme ich vor dem Examen nicht dazu, und das will ich für den Fall einer Arbeit aus der Hessischen Renitenz. Was tun?

Dass [Hans] von Soden das Studentenheim vergessen [hat], ist ja sinnig! Der Philippshaus-Plan gefällt mir auch nicht. Ihr solltet doch sehen, dass ihr ein Corpshaus bekommt. Geht's nicht mit den »Hessen-Nassauern«?[52] Und wenn es geht, kannst Du es nicht hintenherum einfädeln? Frage doch mal Papa.

An Arbeit geht's nun allmählich los. Jede Woche einen Predigtentwurf und einen Katechesen-Entwurf; daneben für NT und AT viel Arbeit. Ich übersetze außer der Geschichte im Griechischen jetzt wieder Hebräisch. Und lerne Gesangbuch-Lieder, wovon ich ja erschütternd wenig kann. Übrigens sind wir jetzt auch gerade bei Joel! Jetzt will ich mich – nachdem der Brief im Postkasten ist – auf Genesis stürzen.

13

Finkenwalde am 29.4.1937[53]

Nachdem ich von Mittag bis Kaffee mit drei anderen heute zur Gartenarbeit dran bin – Gartenmeister ist [Willi] Brandenburg (Seelow), der hier im Bruderhaus ist – und ein Feuer gemacht und betreut hatte, ebenfalls Unkraut gejätet, wusch, rasierte und fußbadete ich, zog mich ganz um, den grauen Redeanzug mit blaugestreiftem Hemd und »Deinen« blauen Schlips. Bei Kaffee sagte einer: Mensch, haben Sie einen vornehmen Schlips an, ausgezeichnet, sind eben ver-

---

51 Winfrid Krause verstand sich mit seinen späteren Schwiegereltern, Elisabeth und Wilhelm Vilmar, vom ersten Tage an ausgezeichnet. Er wurde von Wilhelm Vilmar, wie er später einmal schrieb, »wie ein Sohn« angenommen.
52 Dr. Wilhelm Vilmar, der Vater Friedegards, war Mitglied des studentischen Corps »Hasso-Nassovia« in Marburg.
53 Der Brief besteht aus einem beidseitig beschriebenen DIN A4-Bogen.

lobt. Ja, sagte ich, sogar von der Braut. Nach der Gartenarbeit fühlte ich mich gewaschen und umgezogen wieder »mitteleuropäisch«.

Dann kam ein Brief von P. de Boor aus Marburg, wo er zum 83. Geburtstag seiner Mutter ist. Und auch eben Dein Brief. Hab Dank, Liebe, aber bitte bitte: RUHE RUHE GANZ GROSSE RUHE! Ruhe ist das halbe Examen. Im Übrigen habe ich mich auch immer und ganz ernsthaft mit den vielen Idioten getröstet, die das Examen gemacht [haben]. Und gerade vorgestern sagte ich zu Bonhoeffer: Für mich müsste der Tag eigentlich 48 Stunden haben, worauf er: gerade dann aber weiß man ja, dass man gearbeitet; denn dann, wenn man nicht gearbeitet [hat], vergeht die Zeit nicht im Nu, woraus ich also schließe, dass Du arbeitest und also bin ich wirklich für Dich ruhig und getrost und ohne Sorge. [...]

Was Du über [das] Ältersein des Mannes schreibst, auch über Bruno/Christa, auch die Bedürftigkeit Schliers, Niemöllers etc., – alles das ist ganz richtig und sehr fein.[54] Kann nur zustimmen.

Übrigens Du, wir meditieren diese Woche 1. Timotheus 1,18–2,15. Lies mal den Abschnitt durch. Da stehen die ganz merkwürdigen Verse, mit denen ich in keiner Weise fertig bin: 2,11 dann: »Einem Weibe aber gestatte ich nicht, dass sie lehre, auch nicht, dass sie des Mannes Herr sei, sondern stille sei, denn Adam ist am ersten gemacht, danach Eva.« Und dann *ihr* Seligwerden durch Kindergebären. – Du schriebst neulich etwas von Schöpfungsordnung, ist's dieses? Oder ist dieser Vers nur zeitlich-soziologisch bedingt? Aber wiederum verknüpft Paulus ja diese Auffassung mit dem zeitlich nicht gebundenen Fall? Ich würde wohl gerne hören, was Du zu diesen Versen sagst. Es kann sich darin kaum um ein Zu- oder Abwarten handeln, denn in Christo sind sie alle eines; allenfalls um ein – eben vielleicht schöpfungsordnungsmäßiges – Einordnen? Na, schreib mal. [...]

---

54 Friedegard Vilmar hatte in ihrem Brief die Auffassung vertreten, dass viele Männer gerade einer älteren, weil reifen Frau bedürften und dabei an die Ehen von Martin Niemöller, [Heinrich] Schlier u. a. gedacht. Bruno Krause, ein jüngerer Bruder Winfrids, und Christa Müller waren ein Paar, das später geheiratet hat.

Wir erwägen, ob das Seminar zur Zeit der Ökumenischen Konferenz nach London fährt. Grundsätzlich ist Bonhoeffer dafür. Die Schwierigkeiten sind folgende:
1. Pro Nase kostet allein die Reise 90. – Woher das Geld nehmen? Keiner kann das natürlich zahlen.
2. Bereits wegen der Skandinavien-Reise wollte »man« Bonhoeffer, [er] konnte aber nicht. Es wird also größere Schwierigkeiten geben, überhaupt herauszukommen.
3. In Skandinavien sprach man Deutsch. Da aber bei den Engländern nicht damit zu rechnen ist, ergibt sich ja auch bei den zu erwartenden Empfängen eine große Schwierigkeit, wenn da von 25 Leuten 22 stumm bleiben.

Untergebracht könnten wir werden in Bonhoeffers alter Londoner Gemeinde. Das hätte keine Not. Aber die drei Punkte werden wohl in ihrer Gesamtheit den schönen Plan zerrinnen lassen. Man müsste jemand im Außenministerium haben, der einem die politischen Wege ebnen kann. Wie? ---

14

Finkenwalde am 30.4.1937[55]

Bei der Durcharbeit der Trillhaas-Predigtlehre fand ich eine Stelle, die Dich sehr interessieren [wird], betreffend Johannes 4,22. Ich zitiere: »Man kann etwa den anstößigen Satz Johannes 4,22 ›Das Heil kommt von den Juden‹ mit folgendem ›Gleichnis‹ erklären (nach Thurneysen): Auf einer Leiter wird das Licht von oben herabgereicht. Auf der oberen Sprosse stehen die Juden, die das Licht durchgegeben und jetzt nicht mehr haben; das Licht befindet sich jetzt bei den anderen Völkern.« (Seite 115) Mir scheint das gar nicht übel gefasst zu sein.

[...] Mit der Gliederung für meine Himmelfahrtspredigt bin ich fertig (Markus 16,14–20) und hoffe, sie morgen schreiben zu können. [...]

---

55 Der Brief besteht aus einem beidseitig beschrieben DIN A4-Bogen.

»Morgenwache« und Psalmen lese ich, eben nur, damit ich Dich nicht allein lasse. In ganz, ganz langsamem Tempo komme ich an die ungelesenen theologischen Existenzen und hoffe noch an die Evangelische Theologie zu gelangen.

In der N. T.-Übung bei Bonhoeffer hatten wir uns heute alle in sehr lehrreichem Gespräch über Gesetz und Evangelium in den Haaren, das heißt: Wir lesen viele Stellen dazu im N. T., exegesieren und besprechen sie. Das ist immer recht fein. Er, Bonhoeffer, lässt dann das Gespräch sich entwickeln, oktroyiert uns keine Meinung oder bestimmte Linie auf; sondern wir greifen ihn auch an und es geht meist recht lebendig dabei zu.

15

Finkenwalde am 2. Mai 1937[56] (Fritz Onnasch Geburtstag)

Katechese: Wir haben in Podejuch – wo Fritz Onnasch bis jetzt Hilfsprediger war; Finkenwalde geht in Podejuch über – eine Jungensgruppe von 36 Katechumenen, die wir in zwei Gruppen geteilt haben, die jeden Dienstag von 17 bis 18.30 Uhr Unterricht haben, und zwar hat jede Gruppe zwei Stunden mit einer kurzen Pause, sodass zwei Katechesen, im ganzen vier gehalten werden. Jeder, der nicht dran ist, muss einen Entwurf machen, sodass wir dann an Hand unserer Entwürfe abends die gehörten Katechesen besprechen. Man hört natürlich nur zwei; wir selber sind auf zwei Gruppen geteilt und zu einer der Katechumenen zugeteilt. Also lebendes Material und keine Theorie! Zufrieden? [...]

Die Leute aus der [alt]preußischen Union werden doch von den Intakten nicht als volle Lutheraner angesehen. Diese Frage soll erarbeitet und bearbeitet werden. Auch die Frage: Was bedeutet die rote Karte? – Sodann: Es liegt ein Haftbefehl gegen [Martin] Niemöller vor. Man sagt, dass er momentan im Auswärtigen Amt geprüft wird. Man weiß auch nicht genau, ob man ihn durch eine vom

---

56 Der Brief besteht aus einem beidseitig beschriebenen DIN A4- und einem beidseitig beschriebenen DIN A5-Bogen.

Justizministerium angeordnete Verhaftung nicht vor fremdem Zugriff schützen will. Fest steht, dass mit Niemöller die ganze BK vor den Richter geladen wird. Und es könnte sein, dass er ein unverdaulicher Brocken ist. Man ist in Berlin recht niedergedrückt. [August] Marahrens-Leitung sucht Verbindung mit VKL und Lutherischem Rat aufzunehmen (kannst Du Schimmel[pfeng] erzählen).[57]

[...] Übrigens wollen auch andere gleich nach dem zweiten Examen heiraten. [Karl-Heinz] Corbach (ich schrieb wohl von ihm) fragte mich gestern, woher es käme, dass so viele Theologen der BK verlobt [seien] und jung heirateten. Er meinte: Weil wir – durch die dauernde Angespanntheit, in der wir leben – in einem ganz anderen Maße die Gehilfin brauchten als frühere Zeiten. Und das meine ich auch.

Friedegard schrieb am 1. Mai 1937 an Winfrid:
Ich habe den Gulbranssen aus![58] So sehr steckt anderer Leute feiern an, dass ich heute Nachmittag schon zwei Stunden drin gelesen [habe]. Also nichts gearbeitet habe. Du, es ist ganz wunderschön. Mir ist das Herz ganz warm von Liebe zu diesen Menschen, so als kennte ich sie und könnte zu ihnen gehen. Ich möchte wohl gleich den zweiten Band haben, aber mir ist, als hättest Du ihn noch nicht gelesen und Du wirst es wohl nicht geben. Wenn doch – ich wäre froh!

Und da ich noch über Deinen Brief und die Timotheus-Stelle nachgedacht [habe], – und ich all dies so überdenke – so ist [es] mir etwas klarer geworden. Adelheid war klug und »gebildet«. 1000 × mehr als Dag. Und weißt Du, so waren die deutschen Frauen im Mittelalter alle! Sie waren die Köpfchen und konnten Griechisch, und die Männer waren eben Ritter! – Also das kann's doch nicht sein, was die Überlegenheit (dummes Wort) des Mannes ausmacht! – Dann sind das also dumme Männer [nicht lesbare Worte], die sagen: Frau nur Kochtopf! Es ist

---

57 VKL – Vorläufige Kirchenleitung; Schimmel – Hans Schimmelpfeng.
58 Trygve Emanuel Gulbranssen (1894–1962) wurde mit seinem Roman »Die Björndal-Trilogie« weltberühmt. Dt. »Und ewig singen die Wälder« (1935), Das Erbe von Björndal (1936) und Heimkehr nach Björndal (1936).
Lange Zeit gehörten diese drei Teile zu den in Deutschland am meisten verkauften Büchern.

vielleicht so, dass sie das mehr Sein (geht alles so schwer zu sagen) mit Beherrschung gleichsetzen. Und je dümmer der Beherrschte ist, umso leichter ist es für den Herrschenden. Und im Grunde machen sie sich doch selber ganz arm, wenn sie sich jemand fürs Leben anlachen (aber auch sonst), den zu kriegen und zu halten so leicht ist. – Vielleicht haben wir auch alle immer viel zu ausschließlich den Wert im »Köpfchen« gesehen, für beide Teile, lobend für die Männer und abwertend für die Mädchen. – Und kommt vielleicht das »Männer Herr sein Wollen« daher, dass er sie zu seinem Knecht machen will? [nicht lesbare Worte]

Es ist mir irgendwie klar geworden, dass das mit der Schöpfungsordnung lange nicht so trivial ist wie, man es macht. Je dümmer die Frau, daher weiblicher, desto besser für den Mann. – Denn wer wollte all den Ritterfrauen das absprechen! Und man gehe mal auf die Bauernhöfe und weiter runter (bei vielen Kindergottesdiensteltern wurde es mir klar), so oft hat die Frau den Verstand – und doch ist's gut! – Ich krieg's nicht ganz klar: Es sitzt im Lebenszentrum, das, was stärker ist, und kann (muss aber nicht) mit dem »Köpfchen« verknüpft sein. Wenn ich an alle guten Ehen denke, die ich kenne, dann weiß ich nie, wer regiert. Weil keiner nur ohne den anderen ist, und keiner was ohne den anderen tut! Und doch ist es ganz stark: dass die Frau nicht des Mannes Herr ist. Es ist mir […], oder mir [scheint] es so: dass, indem die Frau dem Mann die »Regierung« gibt, beugt er sich nur ihrem Willen. Und darum kriegt man [es] nicht auseinander. –

Du musst einmal mit mir Ricarda Huch, Römisches Reich deutscher Nation lesen. Ich habe doch eine große Liebe zum Mittelalter. Und es hat mir immer so gefallen, dass die Frauen da so hoch standen, und ihre Männer gerade darauf stolz waren und sie umso mehr liebten je stolzer (im guten Sinne) sie waren.

Vielleicht ist hier alles ungeordnet und nicht klar. Es ging mir so durch den Kopf und ich denke sooo an Dich.

Ich hörte halb die Rede[59]; an der Ketzerbach! Nicht übermäßig viele Leute und sie quatschten alle. Soweit ich's verstanden, immerhinque. –

---

59 Rede Adolf Hitlers zum 1. Mai 1937. Winfrid erwähnt später (Brief 19), die Rede gelesen zu haben.

Ist bisher jemals was von ihm so gegen die Kirchen gesagt? Und neu war: Die guten Russen ganz unschuldig! Aber Jude die Pestbeule! – Ob aller Völker Sünden so entsetzlich gestraft werden?

16

Finkenwalde am 3. Mai 1937[60]

Ja und dann die Frage nach der Frau.[61] Es ist wirklich schwer, darüber zu schreiben. *Nicht* kann es sich darum handeln, dass der Frau ihr »Köpfchen« gegeben ist! Denn das hat sie einfach oder nicht. Dass wir alles (und je klüger, meistens desto mehr) den Ton zu sehr aufs »Köpfchen« legen, stimmt natürlich, aber das ist eine andere Frage, die hier in 1. Tim 2,8–15 nicht zur Debatte steht. Darin hast Du zum Teil Recht, dass die Frau deswegen des Mannes Herr sein will, weil er sie »unterkriegen« will, Du sagst, zum Knecht machen will; aber nach dem, woher es kommt, fragt der Text nicht, sondern er verbietet es, so oder so. Sehr fein ist das, was Du über eine rechte Ehe sagst, und dass man da eben nicht weiß, wer »regiert«. […][62]

Aber worum geht es in der Tim.-Stelle? Ich habe mit einer Reihe von Brüdern über die Stelle gesprochen. Sie ist uns allen furchtbar schwer. Gestern sprach ich noch mit Gerhard[63] darüber.

1. 2,9 warnt die Frauen davor, ihrem angeborenen Hang zur Eitelkeit durch auffällige Kleidung nachzugehen. Ihre Sucht, sich zu zieren und zu schmücken, sollen sie in Grenzen halten. Mit »Weibern« ist hier jede Frau in der christlichen Gemeinde gemeint.
2. Einer Frau – Verse 11 und 12 – ist das *Lehren* in der Gemeinde untersagt. Nicht, dass sie klug ist, ist verboten. Aber sie soll nicht lehren, d. h. ja wohl predigen. Und damit muss irgendwie – wie? – zusammenhängen, dass sie nicht des Mannes Herr sein soll.

---

60 Der Brief besteht aus einem beidseitig beschriebenen DIN A4-Bogen.
61 Vgl. Bonhoeffer: DBW 14, 828.
62 Unterstreichungen im Original.
63 Gerhard Krause, einer seiner drei jüngeren Brüder. Gerhard Krause war Mitglied des 4. Kurses des Predigerseminars in Finkenwalde (Bonhoeffer: DBW 14, 1052).

3. Dieses Gebot zum »Stille-Sein« (Vers 12) wird nun begründet mit dem seltsamen Hinweis, dass Adam nicht, aber Eva verführt ist: Verse 13 und 14; ja dass Adam vor Eva war. Es hängt also das unter 1) oben Gesagte und das unter 2) Gesagte mit dem Sündenfall zusammen. Sie hat ihre Seligkeit verwirkt. Und dieses Verwirkt-Haben wird offensichtlich in ihrer Schmucksucht und ihrer Herrschsucht [gesehen]. Nun aber gibt es
4. für sie die Möglichkeit, wieder die Seligkeit zu erlangen, wenn sie Kinder gebiert (Vers 15). Der Fluch, der auf Eva lag, ist fortgenommen, wenn die Frau Kinder hat und im Glauben aufzieht. Ihre Seligkeit ist offenbar mit ganz anderen Dingen verbunden als die des Mannes.

So etwa sieht der Text für mich aus. Aber ich finde ihn sehr schwer und in manchem habe ich ihn noch nicht begriffen.

Gestern habe ich in der Lesestunde wieder [Fritz] Reuter vorgelesen. Es ist zu schön! Man muss dazu Zeit haben. Wir saßen im Garten in der Sonne. Überhaupt: Ich habe an den beiden Sonntagen so mächtig gesehen, wie sehr man der Pause, des Nichtstuns bedarf. Wenn man sechs Tage so viel arbeitet, dann muss man einen Tag aussetzen. Mit dem Arbeiten und den Aufgaben war's übrigens so toll, dass selbst Fritz [Onnasch] sagte: »Wir müssen ein Arbeitsbeschränkungsprogramm aufstellen!!«

Friedegard schrieb am 4. Mai 1937 an Winfrid:
Winfrid, ich wollte mit meinem Zettel nichts zu 1. Timotheus 2 sagen. Das traue ich mich gar nicht, zu einer Stelle, über die Du eine Nacht meditierst, zwanglos meine Meinung zu sagen. Man kann auch nicht so eine Stelle allein nehmen. Da muss man doch an Epheser 5 ff. auch denken.[64] (Das haben wir doch bei Thurneysen so schön gehabt). Ich kann das Meditieren noch nicht verstehen, Du. Wenn ich an einen Text komme und verstehe ihn nicht, dann hole ich eben von überall Hilfsmittel und frag alle, so alleine brüten, und nicht verstehen, da würde ich ganz wahnsinnig. Und dann, ich habe manchmal so Angst: Ich habe

---

64 Epheser 5,22 ff.

doch bei der »Askese« gerade gearbeitet. Pastoral-Ideal; ist das des bürgerlichen Hellenismus? All die Tugend und Lasterkataloge usw., das hängt damit zusammen und findet sich auf 1000 Grabinschriften so. Wie sie ja überhaupt Christentum ohne Ärgernis sind! »Hier spricht ein kleiner Geist« – Und dann fragt Ihr die Schrift und lasst all das außer Acht und sollt es mit Paulus gleich [tun]. Wo Luther doch schon gesagt [hat]: Von den Hauptstellen aus muss man die weniger wichtigen verstehen! Verstehst Du, was ich meine und warum ich bange bin? Darum liebe ich Schlier so (ich möchte mal mit Dir ihn besuchen), weil ich da das unbedingte Zutrauen habe, dass er all die frühere Exegese und so das Ex. von früher nicht über Bord wirft und <u>doch</u> ein kirchlicher Mann ist. Auch Quervain. Und Du liest und schätzt doch auch Bultmann! Verstehst Du nun, was ich meine? <u>Wie ist das</u> mit Bonhoeffer? Er ist Systematiker, nicht? Du musst nicht denken, dass ich nur Schlechtes von Finkenwalde denke! Gewiss nicht! Ich bewundere die Kraft, die von ihm ausgeht und die Geistlichkeit, und dass es wirklich ein Seminar ist, wo Ihr noch einmal etwas Fabelhaftes lernt, ehe Ihr ins »Leben« kommt – ich frag schon auch all meine [nicht lesbares Wort].

17

Finkenwalde, am 4. Mai 1937[65]

Heute wird es nur eine Karte, denn ich habe noch viel Predigt zu lernen, und nachher ist in Podejuch Katechetik und abends Vorlesung und eben überhaupt jeder Tag zu kurz. Dabei strahlende Sonne. – Mein Zimmergenosse ist meist schon vor mir auf, und unter großer Anstrengung schimpfe, stöhne und gähne ich mich um ¾ 6 (auf die Zeit bin ich jetzt gekommen) aus dem Korb. – Nein, die Psalmen lesen wir zu Ende. Wenn Du willst, können wir auch täglich zwei lesen. Schreib nur, von wann ab. Morgenwache lese ich.

---

65 Ansichtskarte »Frühling, ja Du bist's«, beidseitig beschrieben.

18

Finkenwalde, 5. Mai 1937[66]

Ich habe übrigens gesehen, dass [Johannes] Taube doch noch einen schwarzen Anzug außer dem Lutherrock hat, und nun weiß ich's nicht. Der andere (der Dir sicher gut gefallen wird), mit dem ich menschlich am nächsten bin, ist [Karl-Heinz] Corbach. Wir verstehen uns sehr. Der kann wahrscheinlich nach dem II. Examen nicht heiraten, weil seine Braut keine Möbel bekommt. Sie [ist] übrigens auch Theologin. Wir machen öfters mal einen kleinen Spaziergang. Aber je mehr man »herein« kommt in die Arbeit, desto schwerer ringe ich mir den [Spaziergang] ab. Wie soll man alles schaffen.

Übrigens, die Niemöller-Verhaftung ist nicht gestiegen. Auch verhandeln die »Marahrensleitung« und die »preußischen Ausschüsse« mit dem Preußenrat[67]; man will mit uns zusammenarbeiten. Aber was draus wird, weiß niemand, ich bezweifle es, aber es ist ja nicht uninteressant. [Minister Hanns] Kerrl spricht mit [Johannes] Eger auch nicht mehr, und überhaupt im Ministerium scheint man ganz auf Kampf eingestellt zu sein.

19

Finkenwalde, Himmelfahrt am 6. Mai 1937[68]

Nein, natürlich kann man nicht eine Stelle allein nehmen (1. Timotheus 2) und ja, es ist schon richtig, dass Du mich unerbittlich (obwohl ich gar nichts anderes will) auf die Notwendigkeit der ordentlichen Exegese hinweist – Du musst wirklich nicht »bange« sein – und natürlich nehme ich Paulus und Johannes nicht als gleiche hin, aber ich nehme Paulus und Johannes und den Timotheus-Brief als das Zeugnis der Kirche; ich nehme mir nicht das Recht,

---

66 Der Brief besteht aus einem beidseitig beschriebenen DIN A4-Bogen.
67 Die Institution »Preußenrat« ließ sich bislang nicht klären.
68 Der Brief besteht aus zwei jeweils beidseitig beschriebenen Seiten.

am Kanon hier oder da zu verkürzen, hier zu erweitern. Lies mal »Credo« 155 ff. Oder Barths Dogmatik zu »Kanon«, etwa Seite 103, 107, 109 f.[69] Nur darum geht es mir, und insofern muss ich auch 1. Timotheus ernst nehmen.[70] –

Wie kommst Du darauf, dass wir all das (bei Bulti gelernte) außer Acht lassen?[71] Wenn Du nächstens den Bultmann-Aufsatz in der Evangelischen Theologie über Johannes liest, denk daran, dass er zwar dies und das für Redaktion, Quelle oder »unecht« hält; man hat ihn aber immer missverstanden, wenn man das von ihm literarkritisch als »unecht« Erkannte so nimmt, als ob er es nicht als Zeugnis der Kirche gelten lassen will.

Wie das in diesem Fragenkomplex mit Bonhoeffer ist, kann ich einfach noch nicht sagen.[72]

---

69 Karl Barth: Dogmatik I/1 München 1932, München, I/2 1935.
70 Karl Barth: Credo. Das Hauptproblem der Dogmatik, dargestellt im Anschluss an das Apostolische Glaubensbekenntnis. 16 Vorlesungen, gehalten an der Universität Utrecht. Zürich 1935; darin: III. »Dogmatik und Tradition«, 155–158.
71 Bulti – Rudolf Bultmann.
72 Rudolf Bultmanns, im Jahre 1941, veröffentlichtes Konzept der Entmythologisierung des Neuen Testamentes (»Neues Testament und Mythologie. Das Problem der Entmythologisierung der neutestamentlichen Verkündigung« [2. Aufl.; Nachdruck der 1941 erschienenen Fassung, München 1985]) löste nicht nur in Finkenwalde eine heftige und lange anhaltende Diskussion aus. Bonhoeffer begrüßte die in der Schrift Bultmanns zum Ausdruck kommende intellektuelle Redlichkeit: »Grob gesagt: B.[ultmann] hat die Katze aus dem Sacke gelassen, nicht nur für sich, sondern für sehr viele (die liberale Katze aus dem Bekenntnissack) und darüber freue ich mich. Er hat gewagt zu sagen, was viele in sich verdrängen (ich schließe mich ein), ohne es überwunden zu haben. Er hat damit der intellektuellen Sauberkeit und Redlichkeit einen Dienst geleistet. Der Glaubenspharisäismus, der nun von vielen Brüdern dagegen aufgeboten wird, ist mir fatal. Nun muss Rede und Antwort gestanden werden. Ich spräche gerne mit B. darüber und möchte mich der Zugluft, die von ihm kommt, gerne aussetzen. Aber das Fenster muss dann auch wieder geschlossen werden. Sonst erkälten sich die Anfälligen zu leicht. – Wenn Du B. siehst, grüße ihn doch von mir und sage ihm, dass ich ihn gerne sähe und wie ich die Dinge sehe. [...]« – Dietrich Bonhoeffer am 25. März 1942 an Winfrid Krause (im Marburger Lazarett). – Winfrid Krause, Nachgelassene Texte. Familienbesitz Krause-Vilmar, Kassel. – Aus diesem Brief zitiert auch Eberhard Bethge in seiner Biographie Dietrich Bonhoffers

Wie kommst Du darauf, dass ich meinen sollte: Du denkst was Schlechtes von Finkenwalde? Hast Du keinen Anlass dazu, im Gegenteil. Dass Du Deine, zum Teil nicht unberechtigten ??? setzt, ist sehr schön.

Ich hielte es für keinen Schaden fürs Seminar, wenn Bonhoeffer heiratete, im Gegenteil, ich könnte mir manches Fruchtbare denken. [Hans Joachim] Iwand ist verheiratet, [Gerhard] Glöge (Naumburg/Schlesien), [Otto] Schmitz, sprich alle Prediger-Seminardirektoren außer ihm.[73] Aber vielleicht ist er einer wie Paulus. – Das mit dem Kinderwegnehmen ist in der Tat eine auch mich sehr bedrängende Sache. Sprach gestern lange mit [Karl-Heinz] Corbach und [Otto] Kistner (langer, lieber Rheinländer; der damals Deinen Schlips und heute das graue seidene Hemd bewunderte, durchaus also Sinn für sowas hat) darüber, die ja beide verlobt. Corbach meinte, im Notfall die Kinder eben nicht in die Schule schicken und lieber ins KZ gehen. Ich bin da etwas anderer Meinung. Aber wir werden es mal mit Bonhoeffer besprechen. Oft sind aus Pfarrhäusern die größten Christushasser hervorgegangen. Niemand hat es in der Hand. Mit dem Kinder-aus-dem-Haus-Geben denke ich – unter heutigen Schulverhältnissen – wahrscheinlich genau wie Du. Und wie fein Du das sagst, Geliebte Du, mit dem Beten für die Kinder. Es ist so. Freue mich. [...]

Mit der »kleinen Irrlehre« (Barth, Seite 51) ist es ja in der Tat aufregend.[74] Aber Barth spricht hier von Verkündigung im engeren Sinne. Fritz meinte vor allem mit »Irrlehre«, was Du gesagt: Es ist Leben. Aber es mag schon so sein wie Barth sagt. Ich würde eben sagen, dass Belehrung eine bestimmte Art von Verkündigung ist. –

Übrigens die Führerrede habe ich gelesen. –

(8. Auflage, München und Gütersloh 2004, 800). Irrtümlich gibt Bethge als Datum des Briefes den Juli 1942 an; tatsächlich ist er im März 1942 verfasst worden.

73 Winfrid Krause nennt das (reformierte) Predigerseminar Wuppertal-Elberfeld unter der Leitung von Hermann A. Hesse nicht (Bonhoeffer: DBW 14, 4). H. A. Hesse war verheiratet.

74 Es ist nicht klar, was Winfrid hier zitiert.

Ich werde nichts dabei sehen, dass Du Moritz einmal fragst: Ob sie noch im NT lese.[75] Das nicht zu tun, halte ich für ganz falsche Scheu. Du hast genug Zugang zu ihr, auch in diesen Dingen, wo es ein Pastor vielleicht nicht hat. Darum stehst Du ihr auch wie ein Priester (allgemeines Priestertum) gegenüber und kannst (oder musst) sie einmal fragen, zu ihrer eigenen Beunruhigung oder Stärkung.

Frage der Monatssprüche: sehr schwer. Monats-, Wochen-, Jahressprüche sind dazu da, die betreffende Zeit über

a.) dieses Wort sich ganz klarzumachen in immer neuem Durchdenken,

b.) sollen sie Leitmotiv, Leitfaden für ihren Zeitabschnitt sein. –

Es ist natürlich sehr schwer, den »Mehrwert« eines geistlichen über einen heidnischen Wochenspruch klarzumachen. Man müsste vielleicht anführen, dass einmal Gott zu uns in dem Spruch spricht und einmal der Mensch. Das ist der Unterschied. Darin liegt nicht der Mehrwert, sondern (bei äußerlich gleicher Form) der radikale Unterschied. Ich würde die Kinder fragen:

a.) Empfindet ihr einen Unterschied? (Vielleicht sagt auch nur einer: ja.)

b.) Worin besteht der Unterschied?

Und es dann gewissermaßen sie selber finden lassen. Ich würde mit ihnen sodann öfter und immer wieder darüber sprechen. Gott redet hier – der Mensch da. Was bedeutet das? Dies [ein]mal zunächst. Ich will's mir noch bedenken und werde noch etwas dazu schreiben. [...]

Ja und heute die Predigt, ging äußerlich glatt. Ich habe mit Bonhoeffer noch nicht darüber gesprochen. Ich habe sie trotz langen Lernens doch noch anders gesagt. Die Zeit der Kirche als Zwischenzeit zwischen Himmelfahrt und Wiederkunft. Der Auftrag der Kirche: Predigt und Taufe. Die Freude der Kirche: dass das Wort durch unser Land läuft bis an das Ende der Welt.

---

75 Mit Moritz kann nur Friedegards Freundin Jenny Karding gemeint sein. Beide wurden in Schülerkreisen scherzhaft als das Paar »Max und Moritz« bezeichnet.

Aber ich bin nicht zufrieden mit mir. Erst häufiges Predigen wird aus der gewissen theologischen Richtigkeit und Abstraktheit zur (hoffentlich) theologischen Richtigkeit und Konkretheit führen. Nun muss ich schließen ...

20

Finkenwalde am 7. Mai 1937[76]

Die »Hindenburg«-Katastrophe, von der wir heute Mittag gehört haben, ist erschreckend.[77] Wenn doch nur die Mächtigen sich von einem dieser göttlichen Fingerzeige zur Besinnung rufen ließen! Obwohl ich noch gar keine Zeitung über das Unglück gelesen [habe], sehe ich die Berichte schon vor mir. Sentimentalität, Gerede von Ehre und Trauer und am Ende eine trotzige Auflehnung gegen das Schicksal oder so. Und niemand beugt die Knie. Das ist das Allertraurigste. –
Die Frage nach dem »Kinder wegnehmen« wird bei uns hin und her besprochen. Zur Illustrierung dafür, dass man auch jüngere Kinder hellhörig und gegen den Feind erziehen kann, indem man sie zu Zeugen erzieht, diese Geschichte: Als Jan Niemöller (2.) noch acht (!) Jahre alt war, war er noch im »Bibelkreis« (»BK«). Sagt zu ihm ein anderer Junge auf der Straße, der ihn aufzieht: B.K., das heißt Bierkutsche. Jan: Wenn Du das noch einmal sagst, dann latsch ich dir einen. Über die Bibel darf man nicht spotten. Der sagt's noch mal. Jan geht hin und knallt ihm eine. – Eben der Sohn seines Vaters. Und das hat mich doch getröstet. –
Wie stehst Du zur Frage, ob man die Frauen ordinieren soll. Hier sind die Brüder geteilter Meinung. Jeder gibt zu, dass sie Unterricht,

---

76 Der Brief besteht aus einem beidseitig beschriebenen DIN A4-Bogen.
77 Der Zeppelin LZ 129 »Hindenburg«, benannt nach dem ehemaligen Reichspräsidenten Paul von Hindenburg, war neben seinem Schwesterluftschiff LZ 130 eines der beiden größten jemals gebauten Luftfahrzeuge. Seine Jungfernfahrt war im März 1936. Am 6. Mai 1937 wurde es bei der Landung in Lakehurst (New Jersey, USA) zerstört, als sich die Wasserstofffüllung entzündete. 35 der 97 Menschen an Bord sowie ein Mitglied der Bodenmannschaft kamen ums Leben.

Seelsorge, Frauenarbeit und sonst ihr gemäße Tätigkeit in der Gemeinde ausüben darf. Aber darf man sie zum Hirtenamt über eine Gemeinde ordinieren? Könnte sie also dann auch Bischof werden?

Der Pastor, zu dem dich KF[78] bringen wollte, lehnt alle gemeindeleitende Arbeit der Frau aus Schriftgründen [ab]. Er hat jetzt sogar eine Frau aus dem Ortsbruderrat rausgesetzt, weil er bereits das nicht mit der Schrift für vereinbar hält (seine Nicht-Vorliebe für die Tätigkeit von Frau v. M.[ackensen] kannst Du dir denken). Dabei ein ordentlicher Pastor. Ortsbruderrat = Die Ältesten, und das (ein Hirtenamt) darf die Frau nicht haben. Nach seiner Meinung. –

Die Trillhaas »Predigtlehre« habe ich ausgelesen und mit Gewinn.[79] Trillhaas sagt zur Frage des kirchlichen Unterrichtes, dass er ebenso wie die Predigt eine »Form des Dienstes am Wort« ist. Ineinssetzung will er aber auch nicht, Predigt und Unterricht, so wie es [Julius] Schieder tut. Trillhaas sagt, dass der Unterricht – im Unterschied zur Predigt! – »im Schatten des Gesetzes« geschehe. Etwa in dieser Weise oder Richtung kann ich zustimmen. [...]

Und dann etwas sehr Wichtiges. Der preußische Landeskirchenausschuss mit [Johannes] Eger hat unter Anwesenheit von [Martin] Niemöller, [Heinrich] Held u. a. beschlossen, die Maßnahmen der BK in Preußen anzuerkennen, insbesondere Prüfungen und Ordinationen, d. h. er hat uns als Kirchenregiment und wir ihn als Rechtsstelle anerkannt. Niemöller soll die Leute furchtbar zusammengeknüppelt haben. Es ist ja herrlich, dass es so weit ist und zeigt aufs Neue, dass der radikalste Weg der einzig mögliche heute noch ist. Freilich glaube ich (also meine Ansicht ist), dass dieser beachtliche Beschluss kaum praktische Bedeutung hat, weil entweder [Hanns] Kerrl den preußischen Landeskirchenausschuss zum Tempel rauswirft oder es sonst verhindert. Immerhin. Übrigens hat der Bischof von Münster, [Clemens] Graf [von] Galen, Ende April (18.) am Schluss eines Christustages in Münster (entsprechend dem »Evangelischen Tag«) eine kolossale Rede gehalten, in die er sich mehrfach auf Zöllner und die Evangelische Kirche beruft im Widerspruch zu »Hanns Kerrl« und

---

78 KF – Karl-Ferdinand Müller?
79 Siehe Anmerkung zu Brief Nr. 12.

die er schließt mit den Worten des evangelischen Generalsuperintendenten [Otto] Dibelius, die er sich voll inhaltlich zu eigen mache (aus dem »Offenen Brief«).[80] Aber im Reich kommen neue Fälle von Verhaftungen, Ausweisungen, Parteiausschlüssen vor. –

21

Finkenwalde am 8. Mai 1937[81]

Bonhoeffer war gestern in Berlin. Es ist also tatsächlich so, dass der preußische Landeskirchenausschuss am Ende seiner Kunst ist. In einer wohl sehr erschütternden Sitzung, in der sich [Johannes] Eger und Genossen wieder salonfähig machen wollten, hat die BK die Bedingungen quasi diktiert. Keiner hat es in Berlin glauben wollen, auch Bonhoeffer nicht, bis er im Preußenrat das von allen unterzeichnete Dokument gesehen hat. (Vorläufig noch nicht darüber reden. Es wird auch noch nicht in Rundbriefen bekannt gegeben. Am 10. Mai Preußensynode). Ein völliger Zusammenbruch der Ausschüsse. Freilich wird die ganze Sache praktisch kaum mehr Bedeutung haben, als ein bekenntnismäßiger Abgang des LKA. Moralisch wird es natürlich sehr wirken, gerade auch in Gebieten in

---

80 Die am 18.4.1937 bei der Schlussfeier der »Christuswoche« in Münster gehaltene Rede ist erhalten, vgl. Bischof Clemens August Graf von Galen: Akten, Briefe und Predigten 1933–1946. Band I, 1933–1939 (= Veröffentlichungen der Kommission für Zeitgeschichte, herausgegeben von Konrad Repgen. Reihe A: Quellen, Band 42) Mainz 1988, 505–508. Die Stellungnahmen »unserer evangelischen deutschen Brüder« wie Otto Dibelius und Wilhelm Zöllner werden in der Rede zitiert; beide werden mehrfach genannt. Am Schluss seiner Rede sagte der Bischof: »Wir müssen dieser Christentums feindlichen Front in treuer Kameradschaft mit unseren evangelischen deutschen Brüdern, für die ein Zöllner, ein Dibelius gesprochen und sich zum Glauben an die Gottheit Christi bekannt haben, ins Auge sehen und ihr standhalten. Was soll aus der Menschheit werden, wenn sie die erbarmende Großtat der Liebe Gottes für das Heil der Menschen, die Menschwerdung des Sohnes Gottes und die Erlösung durch den Kreuzestod Jesu Christi verlacht, verachtet und schließlich vergisst?« (508) – Am 14. März 1937 war die Enzyklika »Mit brennender Sorge« von Papst Pius XI. in deutscher Sprache erschienen, die von allen Kanzeln der katholischen Kirchen in Deutschland verlesen wurde.
81 Der Brief besteht aus einem beidseitig beschriebenen DIN A4-Bogen.

Pommern, wenn auch hier der härteste Ausschusswiderstand erwartet wird, weil [Karl] von Scheven einer [der] beharrlichen Leute ist.[82] »In Berlin hat man die Nerven verloren«, hat er zu dem Abkommen gesagt. – Ein Mann mit der grünen Karte![83]

Dagegen wird das ordentlich gerichtliche Strafverfahren gegen Niemöller wahrscheinlich unaufhaltsam sein. Kanzelmissbrauch. Fünf Verfahren warten darauf, gegen ihn los zu sausen. Einer der Hauptpunkte: Er habe öffentlich und überall von dem »Minister gegen die kirchlichen Angelegenheiten« geredet. Es geht von [Reichsjustizminister Franz] Gürtner aus, dem es selber wohl mordspeinlich ist. Zwar versucht man noch dies und das, um es abzudrehen, aber nach der Meinung der Berliner ist's kaum mehr möglich. Nach vierjährigem Kampf so enden, wäre doch sinnig. Übrigens ist oder wird gegen [Otto] Dibelius und den katholischen Bischof von Münster von [Hanns] Kerrl ein Heimtückeverfahren eingeleitet:[84] Er habe nur darüber gelacht, wenn [Wilhelm] Zöllner und [Clemens A.] Graf [von] Galen ihm das noch sagten, dass der Glaube daran hinge, dass Jesus Christus Gottes Sohn sei. Das sei für ihn selbstredend. – Auch andere Dinge gibt's zu berichten, die auf verschärften Zustand schließen lassen.

Friedegard schrieb an Winfrid am 7. Mai 1937:
Betroffen hat mich, dass Du sagst: Oft sind aus Pfarrhäusern größere Christenhasser hervorgegangen. Ja, ich weiß auch viele, zumindest

---

82 Karl von Scheven spielte eine problematische Rolle – nicht nur aus der Sicht des Seminars. Vgl. Dietrich Bonhoeffers Brief vom 25.1.1936 an Friedrich Schauer, in: DBW 14, 106–112.

83 Für die Aufnahmekarten in der Bekennenden Kirche gab es verschiedene Farben: Rot waren die Karten in den östlichen, grün in den westlichen, grau in den südlichen ApU-Kirchenprovinzen (Mitteilung von Ilse Toedt).

84 Das Gesetz gegen heimtückische Angriffe auf Staat und Partei und zum Schutz der Parteiuniformen vom 20. Dezember 1934, bekannt unter der Bezeichnung »Heimtückegesetz«, schränkte u. a. das Recht auf freie Meinungsäußerung ein, und kriminalisierte alle kritischen Äußerungen, die angeblich das Wohl des Reiches, das Ansehen der Reichsregierung oder der NSDAP schwer schädigten. Das Gesetz griff auf die bereits während der Machtergreifung erlassene »Verordnung des Reichspräsidenten zur Abwehr heimtückischer Angriffe gegen die Regierung der nationalen Erhebung« vom 21. März 1933 zurück.

ganz gleichgültige. Wie kommt das nur? Oft ist es religiöse Überfütterung, vor der Papa [ihr Vater Wilhelm Vilmar] immer warnt (er [musste] als Kind zweimal sonntags in die Kirche). Gefahr bei den [Heinrich] Schlierschen Kindern!!? – Aber was ist es sonst? Oder waren es doch keine rechten Pfarrhäuser? Ich möchte wohl wissen, ob aus einem lebendig christlichen Haus, einer wirklich christlichen Familie auch Christushasser hervorgehen können! Das wäre ja ganz erschreckend! Und so zum sich Fürchten vor Gott!

22

Finkenwalde am 9. Mai 1937[85]

Ja mit den unchristlichen Kindern aus Christenhäusern. Gewiss war es oft religiöse Überfütterung, gewiss falsche Pädagogik und noch derlei Gründe. (Und mancher ist ein Christ geworden trotz religiöser Überfütterung), aber das alles geht an den beiden entscheidenden Gründen vorbei, die zur Erklärung des Tatbestandes anzuführen sind: Es ist auch hier so, dass der Geist Gottes wirklich bewegt, wo er will, und dass er ja eben selbst von zweien auf einem Bette einen annehmen und den anderen verwerfen kann, wie viel mehr in einer Familie. Und zweitens zeigt die Sache, (aus Christenfamilien Christushasser), dass wirklich jeder Mensch etwas ganz Eigenes, Bestimmtes für sich ist und dass es nichts auf Erden gibt, um sein Eigenleben in eine andere Bahn zu lenken. Dass man – so oder so, immer – sehr für seine Kinder beten muss, das war eben ganz richtig von Dir gesehen. [...][86]

Frag doch Papa [Wilhelm Vilmar], ob er den Direktor vom Fichtegymnasium kennt, Lischewski? Dessen Schwiegersohn ist ja auch im Seminar, benamst: Otto Kistner. Ich werde jetzt allmählich Dich mit den Leuten bekannt machen. Also Otto: groß, dünn, dunkles Haar, schmales mit Schmissen geziertes Gesicht (Landsmannschaft-

---

85 Der Brief besteht aus einem DIN A4-Bogen und einem DIN A5-Bogen, beide sind jeweils beidseitig beschrieben.
86 Eine entsprechende Passage, in der verbis expressis vom »Beten« gesprochen wird, habe ich in Friedegards zeitnahen Briefen nicht gelesen.

ler), Rheinländer. Ein lustiges Haus, so einen Anflug von jener Generation: Asphalt-Literatur, aber trotzdem kann er nicht wenig Theologie. Ich habe ihn ganz gerne und er hat mir seine Verlobungsgeschichte erzählt. Seine Braut ist vor 14 Tagen für zwei Jahre nach Südamerika als Haustochter bei einem deutschen Gesandtschaftsrat gegangen, nachdem sie Theologie zu Ende studiert und mit Examen beschlossen hatte. [Karl-Heinz] Corbach und (ich) verstehen das Mädchen nicht. Für zwei Jahre fortgehen in diesen Zeiten, finde ich kolossal. Was sagst Du? Selbiger also der Schwiegersohn des vor einem halben Jahr pensionierten Direktors Lischewski.

Eine andere auffallende Erscheinung ist unser kleiner [Kurt] Minnich. Dass er mir zwischen den Beinen durchgeht, wäre übertrieben, aber nicht allzu sehr. Er ist der heitere und ungekünstelte Witzbold der Corona. Gebürtiger Pole, schwarz, brauner Teint und eben eine unbeschreiblich urkomische Art. Immer lustig! Und ganz ulkige Bewegungen, etwa beim Tennisspiel. Wir machen viel miteinander. Erst (er ist noch nicht verlobt) schlugen wir ihm vor, doch zu annoncieren. Worauf er selber gleich den Text etwa so sagte: »Kleiner lustiger Bekenntnis Pastor sucht kleine hübsche Frau.« Er ist so der Liebling des Seminars, weil er in seiner Unbeholfenheit oft die Leute zum Lachen treibt. Dabei eine widerborstige Haarmähne, die ich ihm je und je durcheinander bringe.

[Johannes] Taube kennst Du ja. Von [Karl-Heinz] Corbach und meinem Genossen [Gerhard] Kuhrmann schrieb ich ja schon. Mit diesen Fünfen [habe ich] also den Anfang gemacht.

Vom Musikzimmer her klingt Musik. Grammophon haben wir und Bonhoeffers Flügel steht darin, ein, zwei Sofas, nein drei sogar, zwei tiefe Ledersessel. Stehlampen, Tisch und hell tapeziert.

[Eine Skizze der Räume ist hier eingefügt].

Hinter dem Haus der Garten. [...]

Bonhoeffer gestern wieder plötzlich nach Berlin gerufen. Es geht um [Martin] Niemöller[87].

---

87 Der Name Niemöller ist in hebräischen Buchstaben geschrieben.

23

Finkenwalde am 11. Mai 1937[88]

Ich meine auch – bis jetzt bin ich jedenfalls noch nicht vom Gegenteil überzeugt – dass Frauen in Bruderräten arbeiten können. Was K. F. [Karl Ferdinand Müller] über Frau [Stephanie] v. M.[ackensen] erzählt hat, stimmt. Sie weiß das übrigens selber und wir haben öfter darüber gesprochen, sie und ich. Und so wie Du es darstellst, ist [es] andererseits nun ganz gewiss nicht. Dort wo das Studienrat-Direktorin-Bild und »Neid« anzuwenden sind, verlohnen sich keine Worte. Es gibt schon eine Reihe gewichtigere Gründe gegen die »Frau in der Gemeindeleitung.« Es auf diese psychologische Ebene generalisieren zu wollen, trifft nicht das Problem, ebenso wenig wie es das Problem träfe: In solchen Frauen zeigte sich der dem Weib eingeborene Herrschtrieb besonders gefährlich. – [...]

Nein, das Strafverfahren gegen N.[iemöller] geht – wenn überhaupt – vom Reichsjustizminister aus, also ordentliches Gericht. Ob öffentlich oder nicht, weiß ich nicht. Der Chef ist seit Sonnabend dieser Art in Berlin. Wir wissen noch nichts, hoffen aber, dass er heute heimkehrt.

24

Finkenwalde am 12. Mai 1937[89]

Bonhoeffer ist sehr musikalisch und spielt auch sehr ordentlich Klavier. Spielst Du übrigens, sodass Du einen Choral und einen Schlager kannst? Ich schäme mich zwar dieser Frage, aber ich weiß es in der Tat nicht genau, weil ich Dich nie am Klavier sitzend gesehen habe. Es wäre ganz fein, wenn Du es jedenfalls so weit könntest.

Philosophische Bildung der Theologen: Da bist Du gerade in den Porzellanladen gekommen. Wir hatten neulich in Dogmatik

---

88 Der Brief besteht aus einem beidseitig beschriebenen DIN A4-Bogen.
89 Der Brief besteht aus einem beidseitig beschriebenen DIN A4-Bogen.

einen Abrutsch in die Philosophie. Und dabei wurde geradezu beschämend offenbar, dass wir durchgehend unbeschwert auch nur von der blassesten Ahnung waren. Sowohl Kant als auch die anderen Philosophien des 19. Jahrhunderts kennt einfach keiner mehr. – Denn zu der Zeit, als wir soweit waren, Philosophie mit Sinn zu studieren, begann der Kirchenkampf und wir hatten vollauf zu tun, erst einmal damit und dazu, mit den Erneuerungen in der Theologie zu Rande zu kommen. Damit ist es zu erklären. Wenn man ferner bedenkt, dass wir irgendwie unchristliche oder endchristliche Fragestellungen erleben und [ihnen] entgegengehen, so mag der Mangel an Philosophie nicht allzu schmerzlich sein. Schöner wäre natürlich, wenn wir es könnten, aber bei dem gewaltigen Stoff der durchzuarbeitenden Theologie (der Reformatoren) kommt man quasi als Mann der Praxis (Front) kaum dazu. Was Du von den jetzigen Theologiestudenten schreibst, kann ich nicht recht beurteilen. In meiner Generation ist es nicht so, zumal Barths erstes und letztes Wort ist: Treibt Exegese. Die Spalte in der BK haben doch wohl tiefere Gründe und Abgründe. Aber dass sich die Auswirkungen dieser Gründe nachher so zeigen, wenn sie ans Licht kommen, das ist so, wie Du sagst. Die Formel *reformatio oder restauratio* macht es ja am deutlichsten. Wir wollen eine Erneuerung der <u>alten</u> Kirche in unserer Zeit, jene wollen eine Wiederherstellung dieser Vorkriegskirche. Daher sind sie immer moralisch bewegt, wenn es ihren Zeh trifft. Heil den Intakten.

25

Finkenwalde am 13. Mai 1937[90]

Das Schimmelblatt: Die Entwicklung wird auch über ihn und seine jetzigen intakten Pläne hinweggehen.[91] Rein stilistisch finde ich die erste Seite viel zu langatmig. Die Gegenüberstellung ist gut (Seite 2

---

90 Der Brief besteht aus einem beidseitig beschriebenen DIN A4-Bogen.
91 Gemeint ist der »Kirchenwahlaufruf des Wahldienstes von Kurhessen-Waldeck«, ein von Pfarrer Dr. Hans Schimmelpfeng und Heinrich Stöhr (Kassel) verfasstes undatiertes Flugblatt, das vom Herausgeber auf März/April datiert wurde. Michael Dorhs hat dies Flugblatt vollständig abgedruckt in:

und 3). Der Gesamttenor aber: feige. Zwar Bibel und Bekenntnis, aber nicht den Mut von der Bekennenden Kirche zu reden, das ist ja nicht politisch genehm. Welchen Grund könnte es sonst geben, ihr Dasein zu verschweigen? Übrigens das »königliche Wort des Führers« in der [Helmut] Kern-Schrift ist doch bedenklich.[92] Bei Schimmel[pfeng] ist der Kardinalfehler der Ansatz. Er setzt bei der Welt an und endet bei der Bibel. Umgekehrt müsste es sein. Na, gefällt mir nicht. Das Gesicht – um nicht zu sagen: Grimasse – konfessioneller Intaktheit sieht mich an und ich kann es nicht gut besehen. Sich »Der Wahldienst« unter so einem Flugblatt zu nennen, ist auch furchtbar geschmacklos und unkirchlich. Spricht er im Namen der Kirche, was muss er denn so eine neutral-imaginäre Größe darunter setzen wie: Wahldienst? Horror!

Du hast doch einen Monatsspruch für die Kinder. Lass Dir nun den Schülerwochenspruch sagen und zeig jeden Sonntag an Hand von zwei bis drei Sätzen – mehr ist gar nicht nötig! – wie hier Gott zum Menschen und dort der Mensch zum Menschen spricht. Nur damit die Kinder ihre gemachte Erkenntnis nicht vergessen!

Im N. T. arbeiten wir über Gemeindezucht – und Aufbau.[93] Wir stehen noch in den Anfängen, sodass wir noch gar nicht absehen, wo es hinführen wird. Und in Homiletik trägt uns Bonhoeffer eine Art Predigtlehre vor und nach gewissen Abständen besprechen wir dann das.[94] Auch da muss ich noch abwarten, ehe ich was sagen kann. Weil alles noch so furchtbar weit offen ist. In Dogmatik setzen wir uns mit [Hermann] Sasse auseinander, haben an Hand der Bekenntnis-Schriften bis jetzt geprüft, was er, die Bekenntnis-Schriften und die

---

Kirche im Widerspruch II, 2, a. a. O., 54–61 (Nr. 163). In der Tat ist von der Bekennenden Kirche in diesem Text nicht die Rede.
92 Diese Schrift ist bei Dorhs nachgewiesen, dort nicht kommentiert; vgl. Kirche im Widerspruch II, Texte aus der Bekennenden Kirche Kurhessen-Waldeck. (= Quellen und Studien zur hessischen Kirchengeschichte Band 19 und Band 20). Teilband 2 (1937–1940), Darmstadt 2013, 23, Anmerkung 4: Helmut Kern, Mein Deutschland – wohin? Amt für Volksmission Nürnberg o. J. [1937].
93 Vgl. Bonhoeffer: DBW 14, 820–829.
94 Vgl. Bonhoeffer: DBW 14, 478–530; DBW 14, 1063 f. Dazu: Sabine Bobert-Stützel, Dietrich Bonhoeffers Pastoraltheologie. Gütersloh 1995, 207–250.

Reformierten unter »Evangelium« und »Glauben« verstehen.[95] Morgen kommt »Kirche« heran; dazu muss ich heute noch C[onfessio] A[ugustana] und Ap[ostel[g[eschichte] über »Kirche« lesen. [...][96]

Mit Corbach duze ich mich seit Berlin. Wir haben hier gleich wieder »Du« gesagt. Nein, nicht mit allen, sondern mit denen man näher ist. Bei manchen ergibt es sich einfach im Gespräch.

Friedegard schrieb an Winfrid am 14. Mai 1937:
Was Du über das Flugblatt sagtest, meine ich auch. Vor allem: Geht es denn um D. C. oder nicht D. C.? Und bei dem Kern, da ist mir offen gestanden zu viel Satan. [Von] Soden [hat] mal gesagt: Wer an einen Satan glaubt, der nimmt die Sünde nicht ernst. Der legt das Böse nicht in den Menschen, sondern in eine Macht außer ihm – danach müsstest Du Bonhoeffer mal fragen. Mir hat das Eindruck gemacht. Und bei dem Kern sieht es so aus: Die armen unschuldigen Menschen, die können nichts dazu (so hat Barth uns mal gesagt, sieht die russische Orthodoxie die Sünde an). Also, bei Kern ist dieser Eindruck ganz stark.

26

Finkenwalde am 14. Mai 1937[97]

Nun ja, ich habe in der »Frankfurter Zeitung«, die wir hier halten, auch über London gelesen, und meine Freude an den von dir genannten Dingen gehabt. Kann sich manches Land eine Scheibe abschneiden: Höhepunkt am Altar des christlichen Gottes, des einen. Übrigens scheinen ja Italien und England ziemlich auseinander zu sein. Ich bin gespannt, wie sich dieses psychologische Ereignis, dass Italien seine Reporter zurückgezogen hat, auswirkt, und ob Eng-

---

95 Bonhoeffer: DBW 14, II/1, 307–316.
96 Grundlage könnten die Bekenntnisschriften der evangelisch-lutherischen Kirche (BSLK) gewesen sein. So der Titel einer Sammlung von Bekenntnistexten aus der Zeit der Alten Kirche und der auf Martin Luther zurückgehenden Reformation, die 1930 wissenschaftlich ediert wurden. 45–137; hier CA V und VII f.
97 Der Brief besteht aus einem beidseitig beschriebenen DIN A4-Bogen.

land das bei solcher Festlichkeit später verwinden wird. Immerhin sind sie ja Realpolitiker genug, solche sentimentalen Gründe kaum anzuführen. –

Der Gedanke: In einem leeren Pfarrhauszimmer einen Tischtennistisch zu haben und zwischendurch einen kleinen Match zu machen, hat mich in der Tat sehr begeistert und ist kolossal.[98]

27

Finkenwalde am Pfingstsonnabend 1937 (15. Mai)[99]

Und dass wir immer weiter zueinander gegangen sind, – ist das nicht das Allergrößte und unendlich frohmachende in dieser Zeit? So wollen wir auch Pfingsten, wo sich in der Ruhe und Muße unsere Gedanken besonders stark treffen werden, diese Freude festhalten und dankbar sein. Und wenn es für die Kirche so dunkel und unwegsam aussieht, und wenn es sich in der Tat bestätigt – nunmehr seit vier Jahren, – dass es immer schwieriger wird mit vorschreitender Zeit, nun dann wollen wir uns freuen, dass uns zu dieser Zeit noch einmal der Heilige Geist, der Tröster in der Gestalt des Wortes, gegeben ist. Dass er die Welt mit all ihrer Krankheit und Not und Grauen trösten will, wo sich Menschen diesen Trost gefallen lassen, und dass wir dann es be- und ergreifen, dass die Leiden dieser Zeit wirklich nur eine kleine Weile währen. Mir wird bei solchen Gedanken die ganze Nichtigkeit menschlichen Unterfangens gegenüber der ewigen Majestät Gottes klar. Nun, sie können uns den Leib töten, aber das Wort bleibt in Ewigkeit, und das Wort ist Christus, ist Gott, ist der Tröster als Heiliger Geist. Und darüber dürfen wir ganz fröhlich sein. Wie es ja wahrscheinlich auch richtig ist, dass die Kirche, je mehr sie leidet, desto fröhlicher wird.

Gestern hat mir [Karl-Heinz] Corbach, der übrigens (ausnahmsweise) über Pfingsten zu seiner Braut fährt, weil sie als Vikarin sonn-

---

98 Einen Vorschlag in dieser Richtung findet sich in Briefen von Friedegard Vilmar nicht.
99 Der Brief besteht aus einem DIN A4- und einem DIN A5-Bogen, beide sind beidseitig beschrieben.

tags immer besetzt ist, also Corbach hat mir gestern aus meiner Vergangenheit erzählt. Mir fast zum Schrecken! Denn er behauptet: Ich sei wirklich so [hebräische Buchstaben = NS] gewesen. Nur in Uniform rumgelaufen und eben ganz dabei. »Wie hast Du dich verändert«, sagte er. Dass es gar so schlimm gewesen ist, muss ich ablehnen, aber dass ich ehrlich dabei war, stimmt eben. Ich war ja aber schon in Marburg wesentlich anders und trat dann eben aus der SA aus, als ich nicht mehr die Möglichkeit sah, ehrlich dabei zu sein. Aber ich war doch immerhin erstaunt, wie sehr ich's doch war.

Übrigens der neue Begriff: »Konfessionsungebundenheit«[100]. Die Ärzte, die als Arbeitsdienstärzte hauptamtlich gehen wollen, müssen fünf Punkte erfüllen, von denen der eine lautet: »Konfessionsungebundenheit.« Herrliches Wort! Aber die Freiheit aller religiösen Bekenntnisse ist natürlich garantiert. –

[...] Übrigens in der Kösliner Synode ein BK-Pfarrer wegen einer Predigt verhaftet. Kommt auch über Pfingsten nicht frei für seine Gemeinde.

28

Finkenwalde am 2. Pfingsttag 1937 (17. Mai)[101]

Erstaunt und ganz und gar nicht einer Meinung mit Dir bin ich über das, was Du vom Satan schreibst. Hast Du dich bei dem [Hans von] Soden-Wort über den Satan auch nicht geirrt? Eine solche Häresie kann er doch kaum sagen? An den Teufel glauben? Also an eine Gestalt, die rein textlich im NT über 50 verschiedene Male vorkommt, zu sagen, man glaubt an sie nicht? Und dass dadurch, – dass man an ihre reale Existenz glaubt – die Sünden aus dem Menschen in eine Macht außer ihm verlegt sei, ist durch Acta 5,3, Johannes 13,2 u. a. glatt ausgeschlossen. Es ist einhelliges Zeugnis des A. T. und N. T., dass »dazu ist erschienen der Sohn Gottes, dass er die Werke des

---

100 Winfrid Krause hat diesen Begriff überliefert, der sich in Dietrich Bonhoeffers Bibelarbeit zu den Timotheus-Briefen (vgl. DBW 14, 965), aber im Register von DBW 14 nicht aufgenommen worden ist.
101 Der Brief besteht aus zwei beidseitig beschriebenen DIN A4-Blättern.

Teufels zerstöre« (1. Joh 3,8). Alles, was vom »Widersacher« und vom »Fürsten der Welt« in der Bibel gesagt ist, ganz abgesehen von den Stellen verbis expressis, ist vom Teufel gesagt. Luther hat was vom Teufel gewusst! A. F. C. [Vilmar] hat was vom Teufel gewusst! Also er ist schon da. Schlage nur mal nach Deiner Bibel-Konkordanz die Stellen Teufel und Satan nach! Ich finde auch nicht und habe jedenfalls nicht bei der Kern-Schrift diesen Eindruck, dass er alles dem Satan zuschiebe, um gleichzeitig die Menschen zu entschuldigen.[102]

[...] Die Gleichung Intakt = grundsätzlicher Waschlappen wäre natürlich töricht, ungerecht und dumm. Die Grenze für das Vorkommen von Waschlappen ist nicht die der Landeskirche! Aber an einem Punkte behafte [?] ich die Intakten immer, und solange das nicht anders ist, kann ich nur schwer sie als einen Mitträger des Ringens ansehen: dass sie in ihren Häusern und öffentlich im Ge-

---

102 Auf diese Replik hin hat Friedegard nicht mehr zum Thema »Satan« geantwortet. – Winfrid war in dieser Frage nicht der einzige Geistliche, für den der Satan Wirklichkeit war. Pfarrer Otto Reinhold aus Crumbach bei Kassel z. B. schrieb auf Hitler bezogen zu Beginn der NS-Zeit ein langes Gedicht unter dem Titel »Prolog des Satans zu dem Spiel, das er auf Erden nun beginnt«. Und Pfarrer Hans Zimmermann aus Kassel sprach in der zweiten Strophe seines Liedes »Die Nacht ist vorgerücket, die Nachtzeit dieser Welt« (Nr. 419 im älteren Evangelischen Kirchengesangbuch der EKKW von 1954) davon, dass Jesus Christus »wird krönen alle Frommen, befrein von Satans List«. – Man kann daran übrigens ermessen, wie heftig der von Friedrich Schauer, einem Stettiner Pfarrer, gegen Winfrid in der Bredower Diskussion 1935 erhobene Vorwurf, aus ihm habe »der Satan gesprochen«, gemeint war, den Bonhoeffer sogleich zurückgewiesen hatte. »Die Rede von Br. Krause hat mir auch nicht sehr gefallen«, schrieb Bonhoeffer an Schauer. »Aber nachdem Br. Krause mir am Abend gesagt hat, Sie hätten zu ihm gesagt, aus ihm habe der Satan gesprochen, stelle ich mich zu ihm. Ich kann Ihr Urteil nur als unbarmherzig empfinden und höre aus ihm einen Richtgeist heraus, der mich vielmehr beunruhigt als der von Ihnen in unserer theologischen Haltung verurteilte Richtgeist. Aber dazu nachher noch ein paar Worte. Br. Krause hat übrigens nicht gesagt, Marahrens sei ein ›Verräter‹, sondern dass er die Kirche verraten habe. Das ist ein charakteristischer Unterschied. Es ist ein Urteil über eine objektive Entscheidung und Handlung, nicht über eine Person. Über das theologische Recht aber dieser Äußerung lässt sich streiten. Und mein einziger sachlicher Einwand dagegen würde sein, dass Marahrens die Bekennende Kirche gar nicht verraten konnte, weil er ihr nie angehört hat.« (DBW 14, 108)

meindegottesdienst für die bedrängten und verfolgten Brüder bitten und sich solidarisch mit ihnen erklären. (Es ist übrigens wieder eine riesenlange Liste!) Solange sie sich diesem simpelsten Gebot der Brüderlichkeit entziehen und damit die Verfolgten zu politisch Verfolgten machen, ist mir ihre Intaktheit eine unchristliche. Darum geht es nur: Sie sollen oder brauchen keine Bruderräte, wenn sie ordentliche Kirchenregimente haben, aber sie sollen sagen, ob ein [Adolf] Bunke oder [Hans] Asmussen oder [Johannes] Mebus oder all die anderen (Karl Jenner Redeverbot) ihre Brüder sind, das sollen sie in ihren Hausandachten sagen und vor der Gemeinde. Sonst klingt [ihre] seichte Bekenntnisrede nicht überzeugend.

[...] Und dann Pfingsten. Um 7.00 Uhr war eine Gebetsstunde, zu der kommen konnte, wer wollte. Nach einem Anfangsgebet von Bonhoeffer über die Kirche, konnte jeder, wenn er etwas Besonderes hatte, beten. Wir waren etwa 10 bis 12. Das war sehr fein, denn nun kam eigentlich alles zusammen, was einer doch gar nicht kann. Da wurde gebetet für die Gemeinden, in denen wir gearbeitet, für die Jugend, die Männer- und Frauenwelt, für die, die das Evangelium hören, und die, die es nicht hören, für unsere Taubheit und Blödigkeit, für das Volk und die Führer und die Feinde des Wortes (ich), für die Vergebung, und all das Verschiedene unter der Anrufung und Bitte um den Heiligen Geist.

Danach schmückten wir Haus und jeder sein Zimmer. Du stehst auf meinem Schreibtisch unter einem Strauß schwer duftenden weißen Flieders.

Der Gottesdienst, die Predigt (Bruder Bethge, Bruderhaus, Intimus von Bonhoeffer) fing an mit den Worten: »Die Welt ist verwaist, und sie hat einen schlechten Stiefvater, den Teufel ...«

[...] Ich lege Dir einen Ausschnitt aus der »Frankfurter« bei; ich bin überzeugt, dass die Altherrenschaften der »Forderung« nachkommen und sich gleichschalten. Ich als Laie würde sagen, damit wäre es dann definitiv mit den Korporationen aus. Aber sie werden es alle tun! Es sind zu wenige Christen dabei. Was meinst Du?

29

Finkenwalde am 18. Mai 1937[103]

Nun sind die Sommerpläne aber noch von einer anderen Seite her bedroht. [Karl] Immer, [Hermann] Hesse, [Otto] Dibelius, Udo Smidt und anderen sind bereits die Pässe entzogen [worden], also Mitgliedern der BK für Oxford.[104] Für den Fall, dass einem die Pässe entzogen würden, wollte die ganze BK-Kommission nicht fahren. Und es besteht die große Wahrscheinlichkeit, dass nun die BK in Oxford nicht vertreten sein wird, wenn nicht ein Druck von *extra muros* erfolgt. Ob wir dann Ferien bekommen, wenn Bonhoeffer nicht nach Oxford [zu fahren] braucht, wissen wir nicht.

[Wilhelm] Jannasch, Mitarbeiter der VKL, Abteilungsleiter eines Ressorts in ihr, ist verhaftet vor einigen Tagen und niemand weiß, wo er ist. Es ist wieder ganz scharf alles. Auch weiß man von einer Liste für die Generalsynode (zwei Drittel Thüringer, ein Drittel gemäßigte DC), die im August durch Volksakklamation – also nur JA-sagen – gewählt werden soll. Aber solch Verfahren wäre wirklich zu klar, um wahr zu sein.

[...] (Eben höre ich, dass Jannasch auf dem Alex ist.)

[...] Gestern Abend saß Bonhoeffer noch auf unserer Bude. Wir besprachen die Möglichkeit, Adolf Schlatter herzuholen. Ich fürchte aber, das ist eine Schnapsidee vom Chef. Käme er, wäre es ja ganz groß. Aber ich nehme an, wir werden uns doch an [Rudolf] Bultmann wenden.

---

103 Der Brief besteht aus einem beidseitig beschriebenen DIN A4-Bogen.
104 2. Weltkonferenz der Bewegung für praktisches Christentum, in Oxford vom 16.–26. Juli 1937.

30

Finkenwalde am 19. Mai 1937[105]

Gestern Abend hielt Bonhoeffer das überschauende Referat über »Schlüsselgewalt und Gemeindezucht im Neuen Testament«[106], das wir hörten mit der Aussprache. Die Aussprache recht interessant.[107] Der Vetter von Bultmann [Peter Bultmann]: Scharfe Nase, schmales Gesicht und ungemein sympathisch, so ein verjüngter Bultmann, groß, schlank und sehr klug – sagte auch etwas Typisches zuerst, als er redete, er ist eben ein echter Bultmann: Wir dürfen die historische Kenntnis nicht verachten (es ging um die Pastoralbriefe!). Zwar stehen sie im Kanon, aber der Ton der Gnade Gottes liegt bei den verschiedenen Schriften verschieden. Wir sind keine Biblizisten, dürfen das Historische nicht übersehen.

Heute haben wir ein Referat gehört über den »Bau einer bekennenden Gemeinde nach Barmen und Dahlem«, von einem Bruder aus dem Kirchenkreis Herzberg-Elster (Provinz Sachsen). Das ist der Kirchenkreis, in dem Helmut Anders Vikar, Praktikant war, und wohl auch Pfarrer werden wird. Dieser Kreis unter Führung von Kreispfarrer der BK Anz-Lebusa ist ungefähr der einzige Kreis, in dem Barmen und Dahlem ganz und praktisch und mustergültig durchgeführt ist. – Es war sehr interessant, was er sagte. Mehr nebenbei, aber nicht unbetont, sagte er, dass eine geradezu Voraussetzung heutiger Lage die Motorisierung sei. Die haben den ganzen Kirchenkreis der B. K. mit Motorrädern motorisiert. Und dann sagte er auch: Auf unseren Monatskonferenzen nehmen immer die Frauen der Brüder teil und arbeiten – einige haben studiert – richtig an allem mit. – Das finde ich fein, Du wohl auch, nicht?! Ach, so ein Bericht macht einen wieder richtig mutig. Das sind nun da alles junge Pastoren um 30 und es geht eben prima.

---

105 Der Brief besteht aus einem beidseitig beschriebenen DIN A4-Bogen.
106 Vgl. Bonhoeffer: DBW 14, 829–843.
107 Bonhoeffer: DBW 14, 845–847.

Übrigens gewisse nicht unerhebliche Dinge sind so gestaltet, wie ich sie mir für die praktische Arbeit auch schon einigermaßen umrissen habe. Da machen – mich sehr beeindruckt – die Ältesten Gemeindebesuche und die Werbearbeit für die B. K., sodass der Pastor Raum für richtig seelsorgerische Besuche hat und nicht immer vom Kirchenkampf reden muss. Ein äußerst erstrebenswertes Ziel. Na, ich freue mich, noch einiges von den Pastoren zu hören. Der, bei dem ich einst in Demnin als Pennäler Hebräisch gelernt habe, ist auch hierbei. – In der heutigen pommerschen N. S.-Presse ist Vater [Friedrich] Onnasch abgebildet, wie er einen Kommunisten beerdigt. »Evangelische Kirche im Bunde mit Moskau.« Wahr ist nur, dass er – nicht im Ornat – mit zum Friedhof gegangen ist und ein Vaterunser gesprochen hat (der Junge hatte sich im Gefängnis selbst gemordet), weil er viele Jahre mit Onnasch in einem Hause gewohnt hatte und sie als Mieter immer anständig gewesen waren, und die Eltern Vater [Friedrich] Onnasch gebeten hatten. Auf dem Friedhof von sechs Stapobeamten geknipst! Und dagegen wird es keine Möglichkeit der Berichtigung geben. Wie soll das bestehen, was auf so viel Unwahrheit aufgebaut ist. Und alles Gute dieser Zeit wird dann mit in den Strudel gerissen. –

31

Finkenwalde am 20. Mai 1937 (Postkarte)[108]

Der *bellum ecclesiae* nimmt immer bedrohliche[re] Formen an. Außer [Wilhelm] Jannasch ist dieser Tage Dr. [Fritz] Günther, Mitglied der VKL, (den Posten, den früher [Wilhelm] Flor hatte) captum est. Auch aus anderen verschiedenen Gegenden wird die captivitas gemeldet. Wir können diese Dinge nun doch unschwer als Wahlvorbereitung ansehen. Dazu kommt, dass der Landeskirchenausschuss für Preußen die Vereinbarung über die Legalisierung der BK zurückgezogen hat. Aus »theologisch-kirchlichen Gründen.« Der Hauptakteur dieses Schrittes ist der Vermutung nach der Vor-

---

108 Die Nachricht besteht aus einer beidseitig beschrieben Postkarte.

sitzende des pommerschen P. K. A., ein Mann mit der grünen Karte! Es sieht also ziemlich ernst alles aus.[109]

Mit P[eter] Bultmann hatte ich gestern ein zwar nicht langes, aber doch feines Gespräch. Ich höre Dich geradezu sagen: Na, den hast Du dir richtig angelacht. Es ist doch was Schönes, die Möglichkeit solcher Arbeitsgemeinschaft zu haben. – Gestern hatte ich im Collegium Biblicum »Neues Testament 1« eine herrliche Stelle gefunden. Schlag mal schnell auf: letzten Absatz zu Matthäus 5,43–48, Seite 110.[110] –

Ja was soll ich nur sagen über »moderne Theologie«? Das kann sich ja nur darum handeln, ganz ungefähr etwas über die Bewegungen dieses Jahrhunderts zu wissen. Oder meinst Du früher? Also etwa [Adolf von] Harnack, [Karl] Barth, [Friedrich] Gogar-

---

109 Bonhoeffer: DBW 14, 844, Anm. 47.
110 August Friedrich Christian Vilmar, Collegium Biblicum, Teil 1, Neues Testament, S. 110 f. – Es handelt sich hier um das im folgenden Brief genannte »Vilmar-Wort«, das sich wortwörtlich nicht nur im Collegium Biblicum findet, wo es Winfrid Krause im Rahmen seiner Studien zu A. F. C. Vilmar gerade als »herrliche Stelle« entdeckte, sondern später auch im 23. Rundbrief aus Finkenwalde, der am 26. August 1937 versandt wurde (Finkenwalder Rundbriefe, 396 f.). Eberhard Bethge berichtet, dass Bonhoeffer dieses Zitat in sein Buch »Nachfolge« eingefügt habe (Finkenwalder Rundbriefe, 397 FN 78). Vgl. DBW 4, 145 f.
In Finkenwalde ist die Wiederaufnahme dieses »Vilmar-Wortes« zuerst in diesem Brief von Winfrid Krause vom 20. Mai 1937 nachweisbar. Denkbar ist daher, dass Winfrid Krause auch Bonhoeffer dieses Zitat übermittelt hat. – vgl. DBW 4, 145. Dietrich Bonhoeffer zitiert hier noch weitere Passagen von A. F. C. Vilmar, vgl. DBW 4, 145–146.
Die Aktualität dieses Vilmar-Wortes aus dem 19. Jahrhundert könnten die Finkenwalder im Jahre 1937 der übertragenen Aktualität wegen im dritten Satz besonders deutlich wahrgenommen haben:
»Es kommt die Zeit heran, in welcher Jeder, welcher den *lebendigen* Gott bekennt, um dieses Bekenntnisses willen nicht allein ein Gegenstand des Hasses und der Wut sein wird – denn so weit sind wir so ziemlich schon jetzt gekommen – , sondern wo man ihn bloß um dieses Bekenntnis willen aus der ›menschlichen Gesellschaft‹, wie man dies nennt, ausschließen, von Ort zu Ort jagen, wo man leiblich über ihn herfallen, ihn misshandeln und nach Umständen töten wird. Es nahet eine allgemeine Christenverfolgung, und das ist eigentlich der rechte Sinn aller Bewegungen und Kämpfe unserer Tage« (DBW 4, 145 f.).

ten, [Emanuel] Hirsch, [Karl] Althaus. Die Richtung, in der jeder gearbeitet hat. Sei übrigens ganz getröstet (aus Erfahrung): die eine Stunde Prüfung ist im Nu herum, denn da Du allein bist, ist es ja nichts anderes als ein schönes Gespräch. Genauso musst Du auch eingestellt sein: Ich will jetzt mal ein Gespräch tun.

32

Finkenwalde am 21. Mai 1937 (Brief und Karte)[111]
[Postkarte, »Morgens 8.35«]

[Karte:]
Du wirst zwar unglücklich sein, aber ich kann es nicht ändern, Dich nur bitten, etwas Geduld zu üben. Denn in 20 Minuten muss ich mit zehn Brüdern zur Pölitzer [Straße] zwecks Arbeit dort. Kannst Dir denken. Und ganz nachmittags ist hier Teilnahme an der Arbeitsgemeinschaft obligatorisch, sodass ich nicht absehen kann, ob ich zur rechten Zeit zu einem Brief komme. Und meine Katechese habe ich auch noch nicht gemacht, und Sonntag ist hier im Garten Missionsfest, so dass der [Sonntag] auch höchst unruhig wird. Ich bin in fröhlicher Verzweiflung! Ein junger Pastor in F. ist ausgewiesen und musste sein Haus im Laufe einer Nacht räumen, d. h. spät abends wurde es ihm mitgeteilt (darauf große Gemeinde Gebetsstunde in seinem Haus), morgens stand der Möbelwagen vor der Tür. Er: captum est. Auf die Bitte, noch einige Tage bei seiner Frau bleiben zu dürfen, die ihr erstes Kind erwartete, wurde ablehnend geantwortet. Es krampft sich bei solchen Berichten einiges in einem zusammen, und man muss sehr bedacht sein, nicht verbittert zu werden. Und dann in Gedanken die Bekenntnistreue der Intakten. –

[Brief:]
»Mamie« erzählte, dass sie [Albrecht] Schönherr die Pfarrstelle in Brüssow – das ist die Domäne vom Feldmarschall [von] Macken-

---

111 Die Nachrichten bestehen aus einer beidseitig beschriebenen Postkarte (mit rotem Stift und unterstrichen: »Zuerst lesen!«) und einem beidseitig beschriebenen DIN A4-Bogen.

sen – geben wollen und sich bemühen, ihn dort unterzubringen.[112] Da hielt ich die Gelegenheit beim Schopf und sagte en passant: »Und in einem Jahr besorgen Sie mir eine Stelle!« Sie: »Ja, eine feine, hier in Stettin.« Ich: »Nein, ich möchte aufs Land.« Sie: »Da passen Sie ja gar nicht hin, Sie müssen ja mit jungen Menschen zu tun haben.« Ich: »Später in die Stadt, erst aufs Land.« Sie: »Aber nicht länger als zwei Jahre«. – Wir haben uns eben doch typisch gern, das merkt man immer am stärksten, wenn wir uns nicht einig sind. Ich habe ihr gesagt, im Juli käme ich mit Dir zu ihr, worüber sie hoch erfreut [war]. Puh, wäre das schrecklich, – in der Großstadt (wo einem quasi nichts gehört und gar nichts sein eigen ist, um selbst zu gestalten) anzufangen! Aber dass mir der Bruderrat, wenn er irgendwas hat, es mir gibt, dessen bin ich sicher.

Sie erzählte strahlend, dass sie ein neues Vilmar-Wort jetzt gelesen habe. – Es geht übrigens wieder durch alle Rundbriefe, ich [habe] es schon gelesen. Von 1849 aus dem Buch »Über die moderne Kulturlage«, oder so ähnlich! Hast Du das?[113]

Das Bruderhaus: Es sind einige darin, die noch nicht Zweites Examen haben (2) und andere, die hier ihr Zweites Examen machen (2), und dritte, die fertig sind (3 oder 4). Und vom »im Trockenem sitzen« [zu sprechen], das ist natürlich völlig falsch. Sie arbeiten in umliegenden Gemeinden, fahren vor allem in Abständen in die Provinzen und halten Volksmissionen, sind bereit, Vertretungen junger Brüder zu übernehmen (wochen- und monatelang), einer hat die ganze und nicht kleine Korrespondenz mit den alten Finkenwaldern, monatlich an sie einen Rundbrief dazu zu versenden[114]; haben noch andere Ämter, kurz es hat schon seinen Sinn und ge-

---

112 Mit »Mamie« kann Frau von Mackensen gemeint gewesen sein.
113 Es ist unklar, welches »Vilmar-Wort« Frau von Mackensen hier gelesen hat. Unklar ist auch, warum Winfrid hier nicht die noch am Vortag im Brief an Friedegard von ihm zitierte Quelle im Collegium Biblicum nennt. Vgl. Bonhoeffer: DBW Ergänzungsband (Die Finkenwalder Rundbriefe), 396 f. Dort Zitat und Nachweis des Zitates von A. F. C. Vilmar (tatsächlich 1858).
114 Veröffentlicht in dem Ergänzungsband: Die Finkenwalder Rundbriefe. Briefe und Texte von Dietrich Bonhoeffer und seinen Predigerseminaristen 1935–1946. Gesammelt von Eberhard Bethge. Herausgegeben von Ilse Toedt. Zum Druck vorbereitet von Otto Berendts. Gütersloh 2013.

rade WEIL Notzeit ist. Die Fragen, die [in] solcher Einrichtung zu stellen sind, kommen von ganz woanders her, und darüber können wir an Ort und Stelle reden.

Ja, ich weiß das wohl, und habe das [Karl-Heinz] Corbach auch erzählt (betreffend meine Vergangenheit). Du habest mir das auch immer gesagt, und ich [habe] davon nichts wissen gewollt. Soweit es also zu Unrecht Dir gegenüber geschehen ist, bitte ich jetzo um Verzeihung. Im Übrigen bin ich ja [hebräische Buchstaben = NS] gewesen, als ich kein Christ – soweit man das sagen darf – war, als ich abhauen wollte von der Theologie. Kuni Oeri[115] hat weitgehend NS und militärisches Herz nicht zu unterscheiden vermocht. – Ob wir in diesen Dingen mal auseinander gehen werden? Weiß ich nicht. Ich glaube übrigens, dass wir – eben auch der Grundhaltung nach – viel mehr einig sind als Du denkst.

Satan: Also bitte, ich will das wirklich ganz ernst nehmen und nicht Bibelworte wie Steine aufgeben.[116] Aber ich kann doch einfach gar nicht anders bei einer solchen Frage als zuerst zu fragen, was sagt die Schrift. Wir schießen immer mit unseren Gedanken vor, deswegen sage ich: Schlage die Schriftstellen auf, weil ich bei mir selbst an allen möglichen Ecken entdecke, wie wenig ich weiß: Was die Bibel sagt; wie aber soll ich mir eine Meinung darüber (Gebet! Abendmahl!) machen, ohne erst die Bibel zu fragen? Und den Vorwurf »finstersten Buchstabenglaubens« muss ich wie Staub abschütteln. Du wirst das selber – hoffentlich ein wenig erschreckend – gemerkt haben bei dem, was ich von Pastor Bultmann schrieb, was der am ersten Abend hier gesagt hat. Nein, nein, Buchstabenglaube ist es nicht. Ich meine vielmehr, wir wissen nicht, was in der Bibel steht, wir können also noch lange nicht »ja« oder »nein« sagen.

Und was die Gemeinschaft im Gebet und des Lebens ist, glaube ich nicht, dass das alles so ganz leicht ist. Ich habe Jahre gebraucht – und es kommen immer wieder Zeiten vor, wo es nicht geht – ehe ich zum Gebet eine positive Stellung hatte. Aber es ist geboten in der Schrift und es wird bezeugt: dass die Christen anhielten am Gebet

---

115 Das »militärische Herz« bezieht sich vermutlich auf seine zeitweise Absicht, Berufsoffizier werden zu wollen.
116 Die Formulierung »wie Steine aufgeben« blieb uns unklar.

in der Gemeinschaft. Und ich bin so felsenfest davon überzeugt wie nur etwas, dass wir es beide in einer Gemeinde – womöglich wenn die Wogen hoch gehen – spüren, sehr genau spüren, ob in der Gemeinde für das Pfarrhaus gebetet wird oder nicht, ob das Tragen des Pastors da ist oder nicht, und was heißt es anderes, wo eine Gemeinde mit dem Pastor geht, als dass sie ihn trägt im Gebet? Gewiss ist die Gefahr der Entblößung, gewiss ist, dass wohl gerade wenig Pastoren in den Himmel kommen – wenn es nach unserem Tun ginge. Aber deswegen, das Gebot nicht tun? Das alles aber braucht Dich in keiner Weise zu betrüben! Im Gegenteil: Wie schrecklich wäre es, wenn Du oder ich die ganze Fülle und Herrlichkeit eines christlichen Lebens schon besäßen. Wie schön ist es, dass es da noch sehr entscheidende, wurzelhafte Dinge gibt, die wir erfahren sollen! Ich bin ganz sicher, dass alle diese großen schweren Dinge uns zu unserer Zeit gegeben werden, und dass eben jede Zeit eine andere ist. Wie wolltest Du oder ich mit dem Abendmahl schon klar sein, wenn man noch auf großen Synoden darum ringt. Also lass Dich das alles in nichts betrüben! Und nun wollte ich noch schreiben, was mich bei der gestrigen Arbeit so stark betroffen: die Beichte. Aber davon später eben. Ich muss schließen.

33

Finkenwalde am 22. Mai 1937[117]

Schrieb ich übrigens über den Satan, dass Du mir noch einmal präzise Deine Fragen, Zweifel oder Unklarheiten sagen sollst? Sonst sei es hiermit ausgesprochen. Glaubst Du überhaupt nicht an den Teufel? Nicht an ihn als Widersacher Christi? Oder wie? Aber als klaren Satz, der nicht mit »Oder so …« endet.

Kannst Du die Adresse von Elisabeth Ritter erfahren? So einem Menschen muss man einfach ein Grußwort zur Stärkung sagen. Ich finde es großartig; die (Laien!) haben es ja viel schwerer wie wir in manchen Dingen. Ich möchte ihr eine nette Karte schreiben. Lassen

---

117 Der Brief besteht aus einem beidseitig beschriebenen DIN A4-Bogen.

sich denn die nächst höheren Dienststellen das gefallen, dass E. Ritter mit ihren Mädels zum Abendmahl geht?

Ja, wenn wir mit den Psalmen fertig [sind] (Montag also nach Deiner Ausgabe: 145), können wir gerne 2. Korinther lesen. Soll ich Abschnitte einteilen oder wollen wir es kapitelweise? Wenn Du heute zu Acta 4,23–31 die Morgenwache gelesen hast, wirst Du ja einiges zum Gebet gefunden haben. Ist Dir was unklar, frage doch bitte.

[...]

Vorgestern wieder ein Mitarbeiter der VKL verhaftet, [Theodor] Pinn. Jetzt also schon drei von der VKL.

34

Finkenwalde am 23. Mai 1937[118]

In [der] Anlage die Fürbittenliste nach dem neuesten Stand.[119] [Hans] Asmussen Reichsredeverbot. Zeige sie mal [Pfarrer Franz] Bücking, besser noch Schimmel[pfeng]. Mit seinen unverbindlichen Gemeinplätzen in Form eines Flugblattes. Hierbei, bei der öffentlichen Gemeinde-Fürbitte behaften wir Neutrale und Intakte, ob sie diese als »Staatsfeinde« oder christliche Brüder ansehen, die qua Christenverfolgung leiden. Du kannst die Liste behalten, Veränderungen schreibe ich dann jeweils.

[...] Ich bewundere auch Deine Bezähmung, wenn Mama [Elisabeth Vilmar] in ihrer Überarbeitung gereizt ist. Ich bin leider früher nicht so gezähmt zu meiner Mutter [Sigrid Krause] gewesen, und wir haben uns dadurch, zumal meine Mutter von Natur eine sehr scharfe Zunge und ein heftiges Temperament hat, viel verscherzt und manche Liebe immer wieder verschüttet. Wir Kinder sind darin ja leider sehr grausam und unerbittlich. Erst wenn man dann eigene Kinder haben wird, wird man das wohl ganz umlernen.

---

118 Der Brief besteht aus einem beidseitig beschriebenen DIN A4-Bogen.
119 Diese Anlage ist in den Unterlagen von Friedegard Vilmar leider nicht erhalten.

Ja, es scheint doch auf »Wahlen« loszusteuern; auf einer Art Plebiszit im Sinne der letzten politischen Wahl mit nur »Ja«. Dazu aber muss erstens noch eine durchschlagende, erfolgversprechende Parole gefunden werden und zweitens muss die Autorität und das Vertrauen der Öffentlichkeit in die [evangelische] Kirche durch Presse und Propaganda noch mehr erschüttert werden. Dann wird es aber über Nacht über uns kommen.[120]

[...] Eben haben wir nochmal im Garten, der von undurchsichtigen Fliederhecken abgeschlossen ist, die Lieder durchgesungen, die wir heute »zu Gehör« bringen werden. Darunter »Wach auf, wach auf, Du deutsches Land« dreistimmig und einige Kanons. Eberhard Bethge (Bruderhaus, ohne den der Chef nicht leben kann) ist ein großer Sänger vor dem Herrn. Der bringt uns Singen bei und leitet auch das tägliche Singen.

Es ist eben doch etwas Schönes, dieses fröhliche, auch der Meckereien nicht entbehrende Zusammenleben. So nennt man mich Krause und den anderen Krausé (zum Unterschied). Auch heißt man mich den »Strippenkrause« wegen angeblich vielen Telefonierens. Das ist aber eine böswillige Verleumdung.

35

Finkenwalde am 24. Mai 1937[121]

Mit dem Bauch auf der Erde kommt vom Strand und aus der Sonne und vom weiten Meer – Stolpmünde! – und mit Sonnenbrand natürlich, ein sehr herzlicher Gruß. Es ist wunderbar über alle Maßen. Gebadet! Herrlich!

---

120 Erlass Hitlers vom 15.2.1937, vgl. DB, 650. Diese Wahlen fanden nicht statt.
121 Die rückseitig beschriebene Ansichtskarte zeigt den Leuchtturm und das Seebad Osternothafen an der Swine-Mündung.

36

Finkenwalde am 25. Mai 1937[122]

Über Deinen Zuwachs im Kindergottesdienst freue ich mich. Spricht ja dafür, dass Dich die Kinder lieben, welch selbiges mich eben ganz doll froh macht. – Es hat mich auch sehr froh und innerlich ruhig gemacht, was Du zu dem verhafteten jungen Pastor gesagt [hast]. Du geliebte Friedegard! Übrigens ist [Wilhelm] Niesel verhaftet (Preußenrat) und [Dr. Franz Günther] von der VKL wieder frei.

Noch eine Frage zum Gebet: Hast Du Schwierigkeiten, wenn wir beide zusammen beten? In Stolp taten wir es nicht und ich glaube, Weihnachten auch nicht. Und dass wir es Ostern tun konnten, war das nicht ein Geschenk? Aber sag', wenn Du dabei Schwierigkeiten hast.

Zum »Teufel« später wieder.

37

Finkenwalde am 26. Mai 1937[123]

Ja, das Missionsfest, war recht erfreulich. In der Kapelle eine gottesdienstliche Feier mit Ansprache vom Chef und Missionsbericht von einer Mitarbeiterin der Berliner Mission. Ordentlich! Und denk: Auf unserer Kanzel (welche nur ein kanzelartiges Pult ist) sprach eine Frau zur Gemeinde. Und das in Finkenwalde. Ich hab so an Dich gedacht. Dann Kollekte und anschließend im Garten Kuchen und Kaffee und »Festredner« (bei denen der Chef wie auf der Folter saß!). Ich habe typisch Kuchen verkauft, dass es knallte. Verschiedene Brüder meinten auch, an mir sei eben doch ein Kuchenverkäufer verloren gegangen. (Ich habe in Demnin mal auf einem Wohltätigkeitsbasar vom Roten Kreuz unendliche Biermengen verkauft!). Es waren aus Stettin und Finkenwalde etwa 110 Menschen da;

---

122 Der Brief besteht aus einem beidseitig beschriebenen DIN A4-Bogen und einem beidseitig beschriebenen DIN A5-Bogen.
123 Der Brief besteht aus einem beidseitig und an den Rändern beschriebenen DIN A4-Bogen.

außer uns. Kollekte: 83,– und Kuchenverkauf: 45,–, sodass wir über 125,– Einnahmen für die Mission hatten, was bei der überwiegenden Zahl »kleiner Leute« (merkwürdig, dass sich so wenig »große Leute« zur Mission halten!) doch sehr beachtlich war.

Was für ein Hirngespinst: Auf eine Kirche zu warten, zu der das Volk ja sagen kann. Das kann ja nur eine Kirche sein, die ein verweltlichtes Evangelium anbietet, eine Kirche, in der grundsätzlich jeder seinen eigenen Weg gehen kann, eine Kirche, die nichts Entscheidungsvolles fordert, eine Kirche, in der die Welt und das Evangelium wie friedliche Brüder beisammen wohnen mit dem Erfolg, dass die Welt der ältere, mächtigere, tonbestimmende Bruder sein wird. Es wird also keine christliche Kirche sein. –

Dieser Pfarrerssohn (Papas Freund) ist hier ein schlagender Beweis dafür, dass kein Mensch es in der Hand hat, was aus seinen Kindern wird. Keiner. Wie solch Abfall geschehen kann? Darüber kann man Entscheidendes nicht sagen. Man kann auch kaum sagen, dass jemand, für den ein anderer immer betet, nicht verloren geht. Denn dann könnten wir ja mit unserem Gebet etwas von Gott eher ertrotzen, erzwingen. Und das geht nicht. Man muss beten, aber Gott kann uns strafen mit der Versagung. Lies mal, – aber schlag auf! – Hiob 30,20 und 21. Aber auch diese Möglichkeit kann man nur verstehen, wenn man den Blick nicht lässt von Hesekiel 18,23. Gottes Entscheidungen können wir nicht korrigieren. So wenig wir in der Hand haben, auch nicht durch unsere Gebete in der Hand haben, was Gott aus unseren Kindern werden lässt, <u>so gewiss ist, dass die, die uns unsere Kinder wegnehmen wollen</u>, auch nicht, auch nicht durch Schulung etc. in der Hand haben, was aus den Kindern wird. Und das ist doch ungemein tröstlich. Ich schließe. Nachher kommt Katechese.

38

Finkenwalde am 27. Mai 1937[124]

Nachdem die ganze Belegschaft die Dir zugehende Drucksache ausgebrütet hat und ich ein Brausebad – kalt! – kalt genommen und

---

124 Die Nachricht steht auf einer beidseitig beschriebenen Postkarte.

nun Dir schreiben will, kommt – Professor Völger an. Während er noch mit dem Chef spricht, diesen Gruß als Zeichen guten Willens und mit der Bitte, nicht böse zu sein. Es wird dann eben morgen mehr. Vor solchen Plötzlichkeiten ist man nicht geschützt, und sie sind als – »höhere Gewalt« zu betrachten. Mit Deinem fröhlichen Brief von Mittwochabend kam die Todesnachricht von dem Vater von Frau Schwenkenbecher, an dem sie sehr hing. Es ist freilich sehr langsam mit ihm zu Ende gegangen. –

39

Finkenwalde am 28. Mai 1937[125]

Vor allem beschäftigt mich im Moment und ich arbeite darüber (Evangelische Theologie, Karl Barth, Gesammelte Vorträge II, Theol. Ex.[126] u. a.) das Abendmahl und die Beichte. Wir haben am Sonntag früh hier unser erstes Abendmahl; denk hier Du [?] und am Montagmittag fahren wir zur Freizeit (Kniephof über Naugard bei Frau [Gertrud] von Bismarck) und sind bis Donnerstagabend da, und arbeiten auch über das Abendmahl.[127]

Neu am Entdecken bin ich aber mit den anderen darüber, dass die Bekenntnisschriften und die Reformatoren ja die Beichte, die einzelne Beichte kennen, und dass das bei uns ganz abgekommen ist, und dass es in den Gemeinden nicht anders wird, wenn es nicht bei den Pastoren anders wird. Dazu kommt, dass die Beichte ja auch nach der Schrift geboten ist, und dass unsere ganze seelsorgerische Praxis vielleicht so darnieder liegt, weil wir nicht mehr mit Vollmacht beichten und Sünde vergeben können, eben das Amt der Schlüsselgewalt nicht vollmächtig verwalten. Die Nachfrage nach der Beichte hat vielleicht mit darin ihren Grund, dass die Gemeinde es einfach nicht mehr weiß – weil es ihr nicht mehr gepredigt wird – was es

---

125 Der Brief besteht aus zwei beidseitig beschriebenen DIN A4-Blättern.
126 Karl Barth: Theologische Existenz heute!, München 1933. – Vgl. Christiane Tietz: Karl Barth. Ein Leben im Widerspruch, München 2018.
127 Vom 31. Mai bis 4. Juni 1937, vgl. Bonhoeffer: DBW 14, 1066, (DB Brief) 291–293.

um die Beichte ist. Und die ganze Unglaubwürdigkeit unserer Verkündigung, kommt sie nicht auch daher, dass man uns nicht mehr wirkliche Verschwiegenheit zutraut? Nun das hört sich zunächst alles sehr katholisch an, aber es steht so in Bekenntnisschriften und bei Luther. – Ich werde Dir nächstens meine Mitschreibsel von der Pastorenkonferenz hier über Kirchenzucht schicken. Vielleicht findest Du einiges Dich Interessierende heraus.

Heute – davon schicke ich dir dann auch die Nachschrift – gerieten wir mit dem Chef stark aneinander über Epheser 5,22 ff. Die Meinungen aller waren stark geteilt. Die einen sagten: Das Weib hat keinen unmittelbaren Zugang zu Gott, nur durch den Mann und darum ist er der Kyrios über sie, wobei Kyrios verstanden werden muss im Blick auf Christus, nicht selbstmächtig HERRschen. Ich war in einigem heftig gegen den Chef. Schließlich schleuderte er mir »Vilmar« entgegen, da stünden noch ganz andere Dinge drin. Ich muss das also nachlesen. Ich glaube ja auch, dass Genesis 3,16 – das Verlangen der Frau und das Herrsein des Mannes über sie – schöpfungserhaltende Ordnung ist, kann aber noch nicht glauben, dass die Frau weniger unmittelbar zu Gott ist als der Mann. Nun das war sehr heftig.

[...] Mit der Mission ist es eben trotz unserer vielen Aufgaben innerhalb unseres Volkes doch so, dass Matthäus 28 der Taufbefehl bestehen bleibt. Und so wie die Kirche ihrem Auftrag ungehorsam würde, wollte sie auf einmal der Irrlehre Raum lassen, so wird sie es, wenn sie nicht »in alle Welt« geht. –

[...] Jeden Mittwoch haben wir eine Andacht in der Kapelle, in der einer von uns etwa 10 Minuten eine Ansprache halten muss, damit alle mal herankommen. Diesmal hielt [Eberhard] Veckenstedt, ein stiller, feiner, lebenszugewandter Junge, typisch ein Schiffer [?], die Andacht über Matthäus 12,36–37.[128] Ein peinliches Wort, das mich sehr erschreckt hat. Aber daran kann man ermessen, wieviel Liebe zur Bruderschaft gehört.

---

128 Matthäus 12,36: »Ich aber sage Euch, dass die Menschen Rechenschaft geben müssen am Tage des Gerichts von jedem nichtsnutzigen Wort, das sie geredet haben.« – 37: »Aus Deinen Worten wirst Du gerechtfertigt werden, und aus Deinen Worten wirst Du verdammt werden.«

Nun will ich schließen. Muss noch was arbeiten zur Vorbereitung der Freizeit.

[Hans Joachim] Iwand aus Ostpreußen [wurde] binnen 24 Stunden ausgewiesen!

40

Finkenwalde am 29. Mai 1937[129]

Eben eine halbe Stunde festen Mittagschlaf, weil [ich] etwas wenig die letzten Nächte geschlafen [habe]. Nach dem Essen hatte [das] Seminar beschlossen, Bultmann einzuladen und ihn über das Thema »Die Gleichnisse Jesu als Predigtaufgabe der Kirche« reden zu lassen und mich mit der Einladung beauftragt. Wenn er doch bloß käme. Nun habe ich ihn so angepriesen, und ich wäre unglücklich, wenn er es nicht täte. Zumal über ihn und seine Theologie ja immerhin noch seltsame Vorstellungen herrschen, aber auch: Zumal wir im Kurs uns über die historisch-kritische Exegese und deren Notwendigkeit durchaus nicht einig sind.[130]

---

129 Der Brief besteht aus einem beidseitig beschriebenen DIN A4-Bogen.
130 Am 25.3.1942 äußerte sich Bonhoeffer in einem Brief an Winfrid Krause zur Entmythologisierung des N. T. in denkwürdiger Klarheit. Bonhoeffer: DBW 16, 344f. Er schrieb: »Nun zu Bultmann: Ich gehöre zu denen, die seine Schrift begrüßt haben; nicht weil ich ihr zustimmte (ich bedaure den doppelten Ansatz in ihr, das Argument Joh 1,14 und vom Radio her sollte nicht vermischt werden; dabei halte ich auch das zweite für ein Argument, nur müsste die Trennung klarer sein); soweit bin ich also vielleicht noch ein Schüler Harnacks geblieben. Grob gesagt: Bultmann hat die Katze aus dem Sack gelassen, nicht nur für sich, sondern für sehr viele (die liberale Katze aus dem Bekenntnissack) und darüber freue ich mich. Er hat gewagt zu sagen, was viele in sich verdrängen (ich schließe mich ein), ohne es überwunden zu haben. Er hat damit der intellektuellen Sauberkeit und Redlichkeit einen Dienst geleistet. Der Glaubenspharisäismus, der nun dagegen von vielen Brüdern aufgeboten wird, ist mir fatal. Nun muss Rede und Antwort gestanden werden. Ich spräche gerne mit Bultmann darüber und möchte mich der Zugluft, die von ihm kommt, gern aussetzen. Aber das Fenster muss dann wieder geschlossen werden. Sonst erkälten sich die Anfälligen zu leicht.«

Dann noch dieses zu Abendmahl und Gebet: Luther hat ob des Abendmahles lange und ganz große Anfechtungen gehabt bis in späte Jahre, und also wollen wir nicht gleich verzagen, wenn wir nicht so klar sehen mit unseren zwei ein halb mal zehn Lenzen. Und schrieb ich die schöne Wette zwischen Luther und Melanchthon? Luther sagte zu Melanchthon: Du kannst Deine Gedanken beim Beten nicht während der Länge eines Vaterunsers beisammen halten. Melanchthon: Doch! Luther: Wollen wir um ein Pferd wetten? – Melanchthon: Ja. – Sie wetten, und als am anderen Tage Melanchthon zu Luther kommt, fragt Luther: Nun, wie war es? Melanchthon: Ich habe verloren. Luther: Woran [hast] Du gedacht? Melanchthon: Wo ich den Sattel für das Pferd her bekäme? – Ich weiß im Moment nicht, ob ich sie dir schon geschrieben, auf jeden Fall aber ist diese Geschichte unerhört instruktiv und tröstlich. Überhaupt: Wir lesen jetzt den »Luther« von Thiele.[131] Es ist schon gewaltig, wogegen – welche Macht dieses Mönchlein angerannt ist und mit welchen Zweifeln er gerungen hat. Das Ringen der BK will einem dagegen doch nicht größer vorkommen, wobei man nicht übersehen darf, dass der Feind Luthers am Ende seiner Macht, im Zerfall war, während der Feind der BK am Anfang, in Blüte, in der Sammlung steht.

Der Chef fing heute das Dogmatikkolleg mit dem berühmten Abschnitt aus der »Dogmatik« von A. F. C. [Vilmar] an: Über die Kirche und die möglicherweise vor uns liegenden elf Jahrhunderte. Wenn »Vilmar« vorkommt, gucken sie mich zum Teil mit wissendem Lächeln an. Wir [haben] uns heute über die Frage »Kirche und Kirchen«, evangelische, katholische, reformiert, lutherische besprochen, ohne zu einer entscheidenden Klarheit gekommen zu sein. [...]

Ach, ehe ich es vergesse: Was lesen wir ab Montag, denn heute werden wir ja mit den Psalmen fertig?! Wir haben es also erreicht! Wolltest Du nicht Offenbarung oder Korinther oder was war es? Schreib es und ich tue dann mit, was Du willst. Schreib auch gleich: Ob immer ein Kapitel oder in welchem Abschnitt und setze die Abschnitte für die erste Woche fest, wenn nicht je ein Kapitel [...].

---

131 Thiele, Ernst: Luthers Bedeutung für deutsche Art und deutsches Wesen, in: Die Segnungen der deutschen Reformation, herausgegeben von Georg Buchwald, Leipzig 1917.

41

Finkenwalde am 30. Mai 1937[132]

Nun, den Kummer mit dem vorbei fechtenden H., den wird die Zeit wieder gut machen, und wenn er ein tüchtiger Arzt sein wird, fragt ihn niemand mehr nach seinem Fechten, – so peinlich es auch im Augenblick ist.[133]

Der zweite Kummer mit der Oratio ist erheblich folgenreicher[134]; denn wie der erste durch fortschreitende Zeit abnimmt, so nimmt dieser in umgekehrtem Maße zu. Dass der Eindruck der Auditio ungleich stärker als der Lectio ist, glaube ich auch. Es scheint mir so, wie wenn wieder einmal ein Vorhang mehr weggezogen worden ist, und der Blick in die Zukunft klar und eindeutig getan werden konnte. Das ist nun nicht erschütternd, sondern klärend, und man möge sich eben vorbereiten auf diese Zukunft. Es ist ja ganz beachtlich, dass die Sache christlich war, sodass auch Christus gar nicht übel wegkam, nur nicht im biblischen Sinne. Stimmt es, dass er zwischendurch immer »Aufhängen« geschrien hat? *staurosou autou*[135] [Umschrift aus dem

---

132 Der Brief besteht aus einem beidseitig beschriebenen DIN A4-Bogen.
133 »H.« ist ein Verwandter von Friedegard Vilmar, der bei einer Mensur im Rahmen einer studentischen Verbindung sich blamierte.
134 In Friedegards Brief vom 28. Mai 1937 ist eine Rede, offenbar im Radio, erwähnt, nicht jedoch der Redner (Joseph Goebbels, vgl. Brief 45): »Das Andere ist die Rede! Wenn Ihr sie nicht gehört habt, habt Ihr was versäumt. Ich bin einfach erschüttert. Und wer weiß, ob die Zeitungen sie ganz bringen. Auch ist der Eindruck des gesprochenen Wortes immer anders.«
In dieser in erster Linie gegen den Katholizismus gerichteten Rede, anerkannte Goebbels den christlichen Kirchen lediglich die Sorge um das »ewige Leben« der Gläubigen.
»Der Protestant mag Protestant, der Katholik Katholik bleiben, und wenn einer beides nicht ist und trotzdem Christ zu sein erklärt, so soll auch er glauben, was er ist. Die Kirche soll sich aber nicht in die Angelegenheiten des Staates hineinmischen. Wir sorgen für unser Volk und die anderen sorgen für die ewige Seligkeit. Man sollte meinen, dass sie damit genug zu tun hätten« (Stettiner General-Anzeiger, Nr. 147 vom 29. Mai 1937, Seite 1.).
135 »stauroson auton«, d. h. Verb mit tina/jemanden kreuzigen: ›kreuzige dich‹ = ›nimm dein Kreuz auf dich‹. Dieser Begriff ist Teil der zentralen Nachfolge-

Griechischen]. Die Zeit von Johannes 16,2 scheint tatsächlich im Anbruch.[136] Wie herrlich, dass sich die Schrift, diese über 2000-jährige, aufs Neue, trotzdem, – und sie hat ja schon einige Anstürme über sich ergehen lassen! – trotzdem bewahrheitet. Dass sie just in dem Moment, wo man sie absetzen will, volle lebendige großartige Wahrheit wird?! Und sollte also, wenn wir es an dem einen Punkt erleben: Wie sie Wahrheit wird, sollte dann alles, alles das, was sie über die Gottlosen, Gottesfeinde, Widerchristen sagt, sollte gerade das nicht wahr sein? Lass Deinen Kummer ob der Oratio Freude werden! –

[...] Ich lege dir einen Brief an Bultmann bei und einen Abschnitt über Evas Vater [Schwenkenbecher], der am Todestag bereits im Hauptblatt der »Frankfurter« erschien. Beides bitte zurück. – – [Wilhelm] Busch-Essen verhaftet. [...] Schmidt von der VKL ebenso. [Adolf] Bunke ist Pfingsten von seiner Frau besucht. Es geht ihm wohl ganz gut, was die Behandlung angeht. Aber wenn er am 1. Juli nicht frei ist, läuft seine Anwaltschaft ab, sprich brotlos. Aber dann werden ja wohl Christen eintreten. –

Heute die Abendmahlsfeier, ich war früher aufgestanden und hatte den corpus kalt gebraust (herrlich!), war sehr schön. Die Ansprache war über Sacharja 13,1 vom Chef. Auch seine gestrige Abendandacht war in allem Ernst aufrichtend und mein Herz mit neuer Kraft erfüllend. Es ist eben so im Christenleben, dass man immer wieder ganz von vorne anfangen darf, gerade wenn man am Versinken und bis zum Halse schon drin ist, darf man von vorne beginnen. Dessen bin ich von Herzen froh. – Las über Mitternacht die ganz kurze feine Betrachtung von Ernst Wiechert über die »treuen Begleiter«.[137] Entweder lesen wir sie hier, – ja, ich will sie vorlesen (20 Minuten). Irgendwo in der Stille werde ich sie dir lesen. Und nun gehen wir in den Juni. In einem Monat wirst Du Deinen jetzigen Examenskummer verwundert besehen. Du solltest das schon jetzt tun!

---

    worte Jesu. »Wer mir nachfolgen will, der verleugne sich selbst und nehme sein Kreuz auf sich (ton stauroson autou) und folge mir nach« (Mk 8,34// Mt 16,24//Lk 9,23).
136 Joh. 16,2: »Sie werden Euch aus der Synagoge ausstoßen. Es kommt aber die Zeit, dass, wer Euch tötet, meinen wird, er tue Gott einen Dienst damit.«
137 Ernst Wiechert: Von den treuen Begleitern, Hamburg 1937.

42

Kniephof über Naugard, am 31. Mai 1937[138]

Es ist nicht zu sagen, wie sehr wir überrascht sind. In Großsabow[139] stand ein riesiger offener Wagen, auf den Koffer und Menschen verfrachtet wurden. Wir sollten ja eigentlich zu Fuß gehen. Ein tuschartiger Gewitterregen ging nieder, wir warteten ein wenig, fuhren aber schließlich los, regneten ein, sangen aber einen Kanon und kamen nach 4 km fröhlich auf dem Gut an. Eine hohe, schmal gesichtige, adlige – wirklich – vornehme Frau in Schwarz mit grünem Umhang. Großes, geräumiges Herrenhaus. Auf der weiten Diele steht die Kinderwiege des Kanzlers Bismarck. Wir schlafen statt auf Stroh in zauberhaften Gastzimmern. Wir sind total »erschlagen«. Mit mir Fritz [Onnasch] und Hans Georg Berg[140]. Du weißt ja, wie sehr ich den Stil dieser Häuser liebe! In einem schönen Saal tagen wir, alles herrlich vorbereitet. Kolossale Zimmerflucht mit Flügel steht uns zur Verfügung. Ausblick in herrlichen, friedlich liegenden von Gewässer durchzogenen Park. Und eben alles so: mit Stil. Man merkt das. Die brauchen keinen Stil machen, das ist eben Kultur. Wie sehr versteht man den Neid derer, die keinen Stil haben und sehen: Hier ist noch Kultur und Stil. Kurz: Ich bin nebst allen begeistert.

Am Abend haben wir und werden täglich die Abendandacht mit den Gutsleuten halten, und vorher singen wir ihnen einige Lieder oder singen mit ihnen. Also ich hab [es] doch geschafft, dass wir so ein wenig mit [einer] Gemeinde [leben]. Wir sind also aufs Schönste untergebracht und haben noch nie eine so vornehme Freizeit gehabt. Und Essen! Heute und morgen bis 16.00 Uhr nur Bruderschaft.

---

138 Die Nachricht besteht aus einer einseitig beschriebenen Postkarte und einem beidseitig beschriebenen DIN A4-Bogen.
139 Großsabow gehörte wie der Kniephof zum preußischen Landkreis Naugard in Westpommern. Der Kniephof gehörte als Gut der Familie von Bismarck; vgl. Bonhoeffer: DBW 8, 176, Anm. 11.
140 Hans-Georg Berg war Teilnehmer des zweiten Kurses 1935/36 (Bonhoeffer: DBW 14, 1050).

Allerlei interne Fragen der Arbeit der Bruderschaft und gewisser Reorganisationen.

Und Land, Land. Durch einen schönen hohen Wald, ehe wir nach Kniephof kamen.

»Und nun, liebe Friedegard (Fritz [Onnasch] fängt an, zu diktieren) erwägen wir, was die Aussichten der Leute sind, die sich verheiraten wollen und sich schon auf [eine] eigene Gemeinde und [ein] eigenes Pfarrhaus freuen. In Jahresfrist machen in Pommern 16 Mann 2. Examen. Planstellen sind jetzt schon knapp. Wie soll es dann werden? Bruder Dufft[141] überlegt sich, ob er für die 2000 Mark, die zur Aussteuer bereit liegen, ein Auto kaufen soll oder ob sie sich davon die notwendigsten Möbel anschaffen sollen, die sie doch nicht aufstellen können in – Ermangelung einer Pfarrstelle. Aber da Winfrid versprochen hat, fortan nicht mehr ein trauriges Gesicht zu machen, sondern »das zufriedene Lächeln« (s. Anlage) zu zeigen, und Du Dich ihm gleichschalten wirst, sind die Aussichten nur als rosig zu bezeichnen.«

Wir sind mächtig lustig über diesen Satz von Fritz, und Du wirst ihn in den richtigen Hals bekommen.

[...] Was gibt das nur mit Spanien? Mit der Schießerei, das ist doch bedenklich, und wie soll man das erst einmal begonnene Schießen aufhalten? Aber sich eine Bombardierung gefallen lassen, ist natürlich auch schwer möglich.[142]

---

141 Heinz Dufft war Teilnehmer des ersten Kurses 1935 (Bonhoeffer: DBW 14, 1050).

142 Mit der Bombardierung waren die schweren Luftangriffe der deutschen Legion Condor auf republikanische Stellungen und Orte im spanischen Hinterland gemeint. Zwei dieser Angriffe, auf Durango und Guernica, blieben wegen der wahllosen Bombardierung von Zivilisten mit hohen Opferzahlen in Erinnerung. Sie hatten zudem beträchtliche Rückwirkungen auf die internationale öffentliche Meinung.

43

Kniephof am 1. Juni 1937[143]

Wir haben also buchstäblich von 6.30 Uhr bis jetzt »durchgemacht«, als einzige Pause einen einstündigen Spaziergang mit Frau [Gertrud] von Bismarck durch Wiesen, Wald und Park. Ganz, ganz herrlich, und sie [ist] eben eine Frau, von der man so viel Achtung, Hochachtung bekommen muss. Dann ging es gleich weiter. Inzwischen habe ich Deinen lieben langen Brief. – Es ist jetzt 24 Uhr zehn, denn die »höheren 10.000« (KF [Karl Ferdinand Müller[144]], Fritz [Onnasch], Gerhard [Kuhrmann] und ich) setzen eben noch [den] Tagesplan für morgen fest und [bedöhnen?][145] noch mancherlei –. Es ist mir einfach nicht möglich, in geordneter Gedankenführung zu antworten. Aber das eine aufs Ganze gesehen ist doch gleich zu sagen: Ich bin ungefähr in allem mit Dir zu Epheser 5 einig. Habe ich mich so blöd ausgedrückt oder gehen Deine Vorwürfe gegen Finkenwalde ausdrücklich nicht gegen mich? Ich war doch quasi Wortführer gegen [den] Chef und die mit »Zugang der Frau zu Gott« – in diesem Augenblick fällt KF rückwärts von der Lehne ins Bett und bricht mit Riesenkrach das Bett durch und entzwei, mein Gott! – Ich werde von Finkenwalde aus antworten zu dem schönen Brief. Auch hat mir das A. F. C. [Vilmar] – an den Kopf Werfen keine Anfechtung bereitet, zumal auch die von mir gelesenen Stellen bei A. F. C. nun nicht so schlagend für Bonhoeffer [sind]. Also die Vorwürfe, deren Berechtigung ich anerkenne, gehen also weniger gegen mich als gegen »Finkenwalde«.

---

143 Der Brief besteht aus einem beidseitig beschriebenen A4-Bogen.
144 Karl Ferdinand Müller war Teilnehmer des zweiten Kurses 1935/36 (Bonhoeffer: DBW 14, 1051).
145 beklönen?

44

Finkenwalde am 4. Juni 1937[146]

Aus Kniephof noch zu schreiben war mir einfach nicht möglich. Du weißt ja, dass ich stets in eine Formulierungskommission komme, und so hatte ich einen langen Brief an unseren Bruderrat mit zu formulieren.[147] Das geschah am Mittwoch nach anstrengendem Tage bis ¾ 1 Uhr nachts. Da war ich so müde, dass ich ins Bett wollte. Gestern, Donnerstag, tagten wir bis 2.00 Uhr, sodass ich, da wir heute um ½ 6 aufstehen mussten, gerade 3 ½ Stunden geschlafen habe. Pausen zwischendurch gab es für uns (Gerhard [Kuhrmann], KF [Karl Ferdinand Müller], Fritz [Onnasch], ego) quasi nicht. Mittags habe ich mal 15 Minuten halb geschlafen.

Die Freizeit war groß, unbeschreiblich und wir sind alle mit übervollem Herzen abgefahren. Sie war nicht nur hervorragend, weil die Referate von [Eberhard] Baumann und [Franz] Hildebrandt/Dahlem sowie zwei anderer Pastoren ausgezeichnet waren. Das gibt dieser Freizeit erst den entscheidenden Stempel. Was sie tatsächlich über alle anderen so heraushebt, ist eben das Haus gewesen, Kniephof und vor allem Frau [Gertrud] von Bismarck (Bismarck schreibt sich freilich mit c und k). Dadurch, dass ich die äußeren Dinge zu regeln hatte mit ihr (Finanzen, Tageslauf, Zimmerverteilung etc.), kam ich öfter mit dieser Frau zusammen als andere, und ich bin aufs tiefste beeindruckt und habe eine enorme Hochachtung. Um ihren Kopf trägt sie den geflochtenen Zopf rundherum; tagelang habe ich immer überlegt, wie das aussieht – gestern fiel es mir ein: wie eine natürliche Krone. Sie ist sehr klug, von einer unbeschreiblichen Güte in ihrem Ausdruck und Lächeln und gleichzeitig äußerst kritisch und streng. Es ist ein wenig Erinnerung bei ihr an Ute: streng und milde zugleich. Dabei sehr musikalisch und auch romantisch. Ihre Mutter [Anna Köhn] (sie ist bürgerlich von Geburt) war Pianistin. Ihr Bruder der bekannte Berliner Kinderarzt Köhn. Zu den Leuten

---

146 Der Brief besteht aus zwei jeweils beidseitig beschriebenen DIN A4-Blättern.
147 Dieses Dokument ist bisher nicht auffindbar.

des Gutes hat sie ein sehr nahes gutes Verhältnis. Geht viel in die Arbeiterhäuser und kümmert sich um die Leute bei Krankheit und Wohlergehen. Wie eine kleine wahre und echte Landesmutter. Als ich gestern abrechnete mit ihr – sie hat uns bei hervorragender Landhaus-Verpflegung, bei Lichtverbrauch und Wäscheverbrauch, von einer Vor – und Nacharbeit nicht zu reden! den Tag nur mit 80 RM berechnet; ich wollte das gar nicht annehmen; die Gutsleute haben zum Teil die Butter für uns gestiftet und freiwillig im Hause geholfen, etwa 4–5 Frauen und junge Mädchen – Trinkgeld wollten sie in diesem Fall nicht annehmen, was der ganzen Sache nachher doch den Charakter der Hausgemeinde gab. Als wir also abrechneten, kam es zu einem wunderschönen Gespräch zwischen ihr und mir. Sie sagte nämlich darin, dass sie vorher große Bedenken und Zweifel gehabt habe, ihr Haus mit Theologen anzufüllen. Und dass das gar nicht so selbstredend gewesen sei. Es stecken in ihr so viel Fragen und Bedenklichkeiten gegen die Pfarrer und die BK und viel Kritik. Sie führte das nicht näher aus, aber sagte dann: Alles das ist mir nun fortgenommen, und während ich still zuhörte, wünschte ich nur immer, dass all die Menschen, die ich kenne, doch sehen, dass und wie hier junge Pastoren arbeiteten. (Und es war doch wahrhaftig nicht leicht, den Pfarrer-Verhandlungen über das Abendmahl zu folgen! Sie hat auch an den Bruderschaftsbesprechungen teilgenommen). Dieses Arbeiten betonte sie immerfort. Und ich hatte den ganz starken Eindruck, dass sie in diesen 3–4 Tagen fast mehr umgekrempelt worden ist als wir. – Sie erzählte mir dann von einigen Dingen, mit denen sie sich sehr herumquäle, vor allem: Ob ungetaufte Kinder, wenn sie sterben, in den Himmel kommen, und sprach von Menschen eines reines Herzens, und davon, dass wir Pastoren in Verbindung mit dem Volk und den Menschen bleiben müssten, wie es der Soldat als Hüter des Vaterlandes auch müsse, und dass er nicht – wie vor dem Kriege – einen Stand neben dem Volke zu bilden habe. Sie erwog auch ein Zusammentreffen von einigen von uns und einigen jüngeren Offizieren, die sie dann vielleicht einladen wollte.

Es war ein schönes Gespräch. Sie meinte: Wir würden wohl manche ihrer Anschauungen ablehnen und setzte etwas den Schriftgelehrten (zu denen wir nicht werden dürften) dem einfachen glaubenden Christen gegenüber. Auch die gerade so weit von ihm [Jesus] weg seien, von Christus, die Zöllner, Sünder, Huren, – gerade sie seien ihm doch wieder so unendlich nah. Als wir dann das Gespräch schließen mussten, dankte ich ihr dafür und gab ihr einen Handkuss.

Nach dem Abendbrot gingen wir alle, Dr. [Werner] de Boor und Frau [Gertrud] von Bismarck, nach der 3 km entfernten Dorfkirche Jarchlin durch Wald und Wiesen. Es war ein schweigender Abend. Rehe standen ihren schiefen Kopf aus dem hohen Grass steckend am Wege und äugten nach uns, ein Fuchs trottete über das Heu, der Kuckuck rief vom Walde her, Wildenten flogen auf, – und über allem eine große Feierlichkeit und Stille der Landschaft. Die Abendmahlsfeier war sehr ernst und getragen von größter Brüderlichkeit, Dankbarkeit und Freude. Gerade nach den Tagen, wo man sich mit so viel Muße um die theologische Erkenntnis gemüht hatte, kam man nun selber hier zum Altar als Hörende und Empfangende und als solche, die die Gabe empfangen durften, die uns im Herrn Christus gegeben war.

Zuhause hatte Frau von Bismarck lauter Lichter (Wachskerzen) stellen lassen auf Vorhalle und im Zimmer und wir sangen noch unter KF's [Karl Ferdinand Müller] Leitung Lieder und Kanons, gingen dann auf die Terrasse und sangen alle als Schlusslied »Der Mond ist aufgegangen.«[148]

---

148 Diese »Freizeit« auf dem Kniephof von Bismarcks ist in der Werke-Ausgabe Dietrich Bonhoeffers nicht eigens erwähnt. Es heißt vielmehr »Freizeit für die Teilnehmer des dritten [!?] Kurses 31. Mai – 4. Juni 1937 (DBW 14, 1066). An einer anderen Stelle ist davon die Rede, dass Bonhoeffer im dritten Kurs vom 31.5.–4.6.1937 die Bibelarbeit gemacht habe (DBW 14, 954). In der eingehenden Darstellung Winfrid Krauses ist Dietrich Bonhoeffer allerdings nicht erwähnt, sodass angenommen werden könnte, er habe an dieser Freizeit nicht teilgenommen. Winfrid Krause erwähnt namentlich Teilnehmer der Freizeit auf dem Kniephof aus dem ersten und zweiten Kurs. Das »Leitungsteam« dieser Freizeit bestand dem Brief zufolge aus drei Kursteilnehmern. Die Inhalte dieses »dritten« Kurses sind nicht identisch mit den Inhalten der Freizeit auf dem Kniephof, sodass hier eine Verwechselung des Datums vorliegen könne.

45

Finkenwalde am 5. Juni 1937[149]

Elsbeths Brief ist so etwas leicht hingehauen. Vielleicht ist es das, was Dich stört. – Da wir am 16. oder 17.7. durch Stralsund fahren, wird sich bereits dort mindestens ein Treffen mit Elsbeth ermöglichen. Mein Plan eben: Freitag nach Spantekow, Sonnabend früh mit Zug nach Stralsund. Von dort mit Rad nach Graal; in etwa 50–60 km sind es noch. Da könnte man Sonnabendvormittag natürlich in Stralsund bleiben und mit [Elsbeth] zusammen sein. Übrigens mit Krach scheint sie doch nicht von Ballenberg weggegangen zu sein. Ob ihr die Goebbels-Rede noch nicht klar gesagt hat, worum es geht? Übrigens auch ganz der Kirche Fernstehende und Neutrale sind durch sie aufgewacht.[150]

[...] Ach, und Du ehrgeiziges Mädchen, Du! Irgendwie sind wir ja wohl alle vom Ehrgeiz gepackt, vielleicht nur Diogenes nicht! Es fragt sich nur nach dem Gegenstand des Ehrgeizes. Und da finde ich: Das Examen – dieses Zusammengeballtsein von Zufall, Stimmung, Laune, Umgebung – lohnt nicht den Ehrgeiz. Der Ehrgeiz ist ja im Grunde nur eine Form des Egoismus, des sich selber Durchsetzenwollens, des im-Mittelpunkt-stehen-Wollens, des Herrschtriebes, und soweit all diese Grundbefindlichkeiten in mir sind, soweit bin ich ehrgeizig. Mir ist Ehrgeiz in keiner Weise unverständlich, mir müsste das menschliche Herz, ich mir selber ja ganz und gar unverständlich sein, wollte ich nichts von Ehrgeiz wissen. Man könnte darüber noch lange sinnige Worte machen. Dass Du ehrgeizig bist, hängt ganz mit dem zusammen, dass Du neulich mal Deinen Egois-

---

149 Der Brief besteht aus einem beidseitig beschriebenen DIN A4-Bogen.
150 Es kann sich nur um die Goebbels-Rede vom 28. Mai 1937 handeln, in der dieser massive Angriffe gegen die katholische Geistlichkeit auf einer Massenkundgebung in der Berliner Deutschlandhalle führte. Diese Rede wurde von allen Rundfunkstationen übertragen und erschien am folgenden Tag – zum Teil unter der drohenden Warnung »Letzte Warnung!« in sämtlichen Zeitungen des Reiches (Georg Reuth (Hg.): Joseph Goebbels Tagebücher, Band 3, 1935–1939, München 199, 1083 f.).

mus beschimpftest! Und dass Du beides siehst, zeigt, dass Du klug bist, und also habe ich berechtigte Hoffnungen, dass Du auch einmal nicht mehr über Deinen Ehrgeiz traurig bist, sondern ihn belächelst im Wissen des Abstandes. Übrigens hängt Dein Ehrgeiz auch stark mit dem vor Papa [Wilhelm Vilmar] nicht-schlecht-abschneiden-Wollen [zusammen]. Genug. [...]

Du wirst schon darin ganz Recht haben, dass bei [Hans von] Soden etwas Prinzipielles gegen die Kiho's[151] spricht. Aber ich glaube: DAS ist ebenso bei [Rudolf] Bultmann. Und ihre Stellung wird, meine ich, in besonders heftiger Weise eben von der Existenz [Heinrich] Schlier angefochten, weil der ja im Grunde einer der ihren ist! Dazu muss aber gesagt werden, dass ich Soden für so beweglich halte, dass auch er – wenn die Entwicklung sehr rapide geht, die wir sehen – noch auf einer Kiho landet. Er würde lieber an einer Kiho lehren als gar nicht! Und ich freue mich sehr mit dir, dass [Hans] Asmussen [Rudolf] Bultmann holt, was doch einer Anerkennung (wenn auch nicht zu eigen machen) der ganzen Bultmann'schen Arbeiten durch die BK gleichkommt und ihn gleichsam durchaus kirchlich anerkennt. Könntest Du dir denken, dass Asmussen einen Mann, der nicht ein Mann der Kirche ist, auf der Kiho arbeiten lässt? Ich nicht. – Übrigens sagte [Franz] Hildebrandt in Kniephof zu mir: Haben Sie einen Namensvetter, Vornamensvetter? Ich entsinne mich an einen Winfrid K.[rause] in Dahlem, hatte aber eine ganz andere Vorstellung von ihm. Auf jeden Fall begrüßten wir uns als alte Kampfgefährten. Ist ja auch merkwürdig, die meisten von den führenden BK Leuten kenne ich persönlich und zwar in einer Weise, dass sie mich auch kennen. Man sieht und erlebt dadurch natürlich den Kirchenkampf ganz anders. –

---

151 Kirchliche Hochschule.

46

Finkenwalde am 7. Juni 1937[152]

Wie Du es wohl mit dem Kindergottesdienst getan hast? Judenfrage vorgeführt? Und ob Du die Frage am Anfang gestellt hast: Sind Juden schlechter als wir? Und vor allem, was die Kinder darauf gesagt [haben]. – Ob Du später in unserer Gemeinde den Kindergottesdienst machst? Wo Du es mit so viel Liebe tust und so prima kannst und auf das Dein theologisches Studium eben doch nicht »umsonst« war. Umsonst wird es ja wohl sowieso nicht gewesen sein wegen der fachlichen Befähigung zur Kritik an mir. :-) Weißt Du, ich bin manchmal – wenn ich es recht bedenke – ganz besonders glücklich, dass alles so ist. Du weißt ja, dass wir zu Hause und Mutti [Sigrid Krause] sehr an Vatis [Bruno Krauses] Predigten immer viel Kritik geübt haben. Es ist eine große Kunst, solche Kritik zu üben, die nicht entmutigt. Vati ist eben (Du merktest es ja im vorigen Sommer angesichts Christa Brunos Kritik) oft sehr entmutigt gewesen in den letzten Jahren. Und dann ist's destruktive Kritik. Aber Kritik zu üben, die korrigiert und gleichzeitig ermutigt, – das ist's! Ich glaube, Du kannst das – dessen bin ich froh! –

47

Finkenwalde am 8. Juni 1937[153]

Nachdem Fritz [Onnasch] und ich heute Vormittag mit Gerhard [?] und Andree [?] (mein Nachfolger im Bruderrat) auf der Pölitzerstraße verhandelt haben über den sachlichen Inhalt eines Briefes der Bruderschaft an den Bruderrat aus Kniephof (mit Mamia, [Eberhard] Baumann, [Heinrich] Rendtorff), wir also transpirierend –

---

152 Der Brief besteht aus einem beidseitig beschriebenen DIN A4-Blatt.
153 Der Brief besteht aus einem beidseitig beschriebenen DIN A4-Bogen.

32 Grad im Schatten – wieder hier, Mittagessen, 20 Minuten geschlafen, – nun zu Dir.[154]

[...]

Du, was Du über »Dienst, ABER Gottesdienst« sagst, ist sehr ordentlich und hat meine ganze Freude und meinen Beifall! Sehr fein. Und das ist ja ganz erstaunlich, dass die Juden auf keinen Fall schlechter wären. Haben sie es nicht Dir zuliebe gesagt? Ich freue mich jedenfalls, dass Du das alles so mit Liebe und nicht ohne Erfolg tust, und dass Du Dich immer mehr von [Hans] Schi.[mmelpfeng] fort zu [Franz] Bücking bewegst. Gisela Bücking, ja goldig.

48

Finkenwalde am 9. Juni 1937[155]

Vom 28. Juni bis 3. Juli gehen wir alle – Seminar und Bruderhaus – in den Kreis Anklam und werden dort Volksmission halten.[156] So wie die Vorbereitungen damit losgehen, erzähle ich dir davon.

[...] Gestern auf dem Rückweg von Podejuch sprachen wir zu dritt ([Otto] Kistner und [Otto] Janikowski) über Gemeindearbeit, und es gab ein bewegtes Gespräch über die Gemeindearbeit der Pfarrfrau (ob überhaupt oder wie viel etc.); ich hatte so zwanglos gesagt, dass bei uns wahrscheinlich Du den Kindergottesdienst machen würdest, wenn Du wolltest. Und das wollte Kistner gar nicht zugeben. Ich würde es auch generell nicht so sagen, aber wenn jemand auf einem Gebiet eine besondere Fähigkeit hat, warum soll man sie denn verkümmern lassen?

Nur in diesem Zusammenhang noch mal zu dem langen (Aktenbogen-)Brief nach Kniephof: Dass Stellen aus den Pastoralbriefen auf Grabsteinen und in der Umwelt vorkommen, besagt nichts dagegen, dass sie nun einmal von der Kirche als Gottes Wort im Kanon

---

154 Stettin, Pölitzerstraße 17: Sitz des Pommerschen (Provinzial-)Bruderrats, Geschäftsführerin Stephanie von Mackensen-Astfeld.
155 Der Brief besteht aus einem beidseitig beschriebenen DIN A4-Bogen.
156 Vgl. Bonhoeffer: DBW 14, 1069; DBW Ergänzungsband »Die Finkenwalder Rundbriefe«; hier: 22. Rundbrief vom 29. Juli 1937.

aufbewahrt sind und als solche genommen werden müssen. (Ja ein von A. F. C. [Vilmar] besonders stark und wie mir scheint mit Recht ausgeführter Gedanke). Gewiss ist alles in der Schrift aus der damaligen Situation geredet, gewiss hat man Beispiele, Bilder, Gleichnisse aus ihrem Leben, aus ihrem Verständnis und [ihrer] Auffassung des Gesamtlebens genommen. Das aber scheint mir keiner Einschränkung Wert (ebenso wenig einer gesetzlichen Übertragung oder gar Gleichsetzung auf heute!), sondern macht doch alles nur konkret.

Die Sache ist: Gott hat in Jesus Christus den Heiland für Himmel und Erde, Mensch und Kreatur gegeben. AT zeigt auf diese Mitte vorwärts. Synoptiker sind diese Mitte. Paulus und Apokalypse zeigen auf jene Mitte rückwärts. Und insofern steht dieses näher, jenes ferner von der Mitte, aber in allem ist Christus Zeugnis und es hilft mir gar nichts zum Verständnis von Epheser 5, wenn ich erfahre, dass zur Zeit der apostolischen Väter in der Ehe das Verhältnis zu Christus[157] nachgebildet werden sollte. Wobei zu sagen ist, dass etwa Epheser 5 oder 1. Timotheus ja nicht von der Ehe um der Ehe willen die Rede ist, sondern: Um das Verhältnis Christus zur Kirche klarzumachen, greifen die Schreiber zum Bild der Ehe. Es ist also eine Bildrede hier. Um der Gemeinde (Kirche) willen, nicht um der Ehe willen geschieht sie. – Und zu dem Frauenideal als Gefährtin (germanisches im Gegensatz zum jüdischen = Geschlechtswesen), so braucht man nicht unbedingt bis Germanien zu gehen. Bereits der zweite Schöpfungsbericht spricht in Genesis 2,18 von ihr als von der Gefährtin des Mannes. – Ich glaube im Übrigen, dass wenn wir über diese Dinge sprechen, *wir* beide wahrscheinlich gänzlich einig sind, und dass nur die missverständlichen Worte in so schwierigen Dingen alles schwierig machen, wobei ich die von [Rudolf] Wapler vorgetragene und vom Chef nicht widersprochene Meinung auch nicht teile.

Wir (Du und ich) werden uns schon darunter beugen, dass Gottes Wort, obwohl es in der Hülle und Knechtsgestalt zeitbestimmter und zeitgebundener Beschränktheit auf uns gekommen ist, dass eben dieses Wort es ist, das ewig ist (Himmel und Erde werden vergehen,

---

157 Im Brief stehen die griechischen Buchstaben Chi und Rho = Chr[istus].

aber Deine Worte werden nicht vergehen; Matthäus 24,35) von dem es heißt: *ephapax* [in griechischen Buchstaben].[158]

49

Finkenwalde am 10. – acht Tage vor dem 17. – Juni 37[159]

Nachdem wir gestern Nacht unter ständiger Anfeuerung der Straßenbahnschaffner, die dann auch in einem geradezu rasenden Tempo vier Minuten vor ihrer Fahrzeit uns am Stettiner Hauptbahnhof rechtzeitig absetzten und ich um ¾ 1 müde ins Bett wollte und trotzdem ich um ¾ 6 aufgestanden bin und noch für heute Vormittag gearbeitet, freilich in einem fast unerträglichen durch Hitze noch beförderten Zustand von Müdigkeit und Trägheit bin, nachdem ich also nach Mittag 35 Minuten geschlafen habe, gehen jetzt meine Grüße zu Dir. [...]. Es war recht gemütlich gestern Abend, lose Dinge erzählt aus Wirtschaft, Kirche und Seelsorgebesuchen; danach das kleine Wiechert-Heft vorgelesen. [...]

Ach, und Friedegard, ich bin in einem furchtbar herzensträgen und glaubenslosen Stadium. Schrecklich. Mit 2. Korinther bin ich bis 2 gediehen. Ich weiß nicht. Jedenfalls großer Tiefstand mal wieder und ziemliche Verzagtheit. Wo bist Du denn im 2. Korinther? Das musst Du dann öfter schreiben. Hab etwas Geduld. Ich will sehen, dass ich vor heute Abend wieder kann. Ausgesprochen dürre Zeit auf der ganzen Linie. Vielleicht wird es besser, wenn Du es jetzt mit auf dem Herzen hast. Hoffentlich, denk an mich liebst in dieser Hinsicht. –

---

158 Dt.: »ein für alle Mal«.
159 Der Brief besteht aus einem beidseitig beschriebenen DIN A4-Bogen.

50

Finkenwalde am 11. Juni [Freitag] 1937[160]

Wir waren an der See! Chef sagte bei Tisch: Bei diesem Wetter ist an Arbeiten doch nicht zu denken. Ein Schwung ist bereits um 14.40 mit Dampfer ab! Chef und drei andere fahren nachher mit Auto nach. Übernachten irgendwo am Strande! Herrlich, dass man eben sowas Tolles plötzlich machen kann!

[...] Wenige Minuten vor der Abfahrt doch noch einen herzlichen Sonntagsgruß. Dein Brief in seiner ersten Hälfte [hat] mich nicht so absolut beglückt. Es ist – um es schriftlich abzuschließen – doch so mit Epheser 5 [unlesbares Wort], dass nicht von der Ehe um der Ehe willen die Rede ist. Schlage das Collegium Biblicum auf! Und was Frau [Erika] Dinkler mit NS gesagt [hat][161], ist typischer Unsinn! »Ausschaltung des Verstandes«, wie kannst Du sowas sagen, Friedegard? Na, wir werden darüber reden. Es kommt mir ein wenig so vor, wie wenn Du auf diesem Ohr (sprich bei dieser Sache) etwas taub bist. Na, also schneid's ab.

Friedegard hatte am Tag (Brief vom 10. Juni) zuvor an Winfrid hierzu Folgendes geschrieben:
Ich kann das alles so nicht einsehen, wie Du es sagst mit Epheser 5 und Pfarrfrau und Gemeindearbeit und alles! Aber lassen wir es doch jetzt, bis wir uns sehen! Hoffentlich hast Du Recht damit, dass wir uns eigentlich einig sind! Ich habe Angst und ich fürchte mich vor Euch allen und (... ... ...) ich wirklich – nun sei bitte nicht zornig – Frau [Erika] Dinkler hat Recht, wenn sie sagt, es sei irgendwie verwandt mit NS.[162] Nein, das muss ich gleich korrigieren! Aber ein Hauch davon und die

---
160 Die Nachricht besteht aus einer Postkarte, einem beidseitig beschriebenen DIN A4-Bogen und einem zweiseitigen Brief, geschrieben an einem Sonnabend, ohne Datum, mit Bleistift, der von einem Ausflug der Seminaristen an die See eindrücklich und begeistert berichtet.
161 Die Buchstaben »NS« sind in hebräischer Sprache geschrieben.
162 Die Buchstaben »NS« sind in hebräischer Sprache geschrieben.

Ähnlichkeit in der Nicht-Toleranz und die Ausschaltung des Verstandes und die Gegnerschaft gegen den Liberalismus.[163]

51

Finkenwalde am 13. Juni 1937[164]

Als ich gestern Abend die [Lager-]Drucksachen öffne, erkenne ich, ehe ich sie aus dem Couvert ganz heraus habe: von wem sie kommen. Ich entfalte sie; tatsächlich vom Breitsohl Ich nehme den Umschlag, in dem sie steckte und sehe nach, ob er wirklich von Dir ist, so fassungslos war ich, dass Du mir eine Breitsohl-Sache sendest aus Hessen. Aber Du kannst ja nicht wissen, wer es ist, der Leiter dieser ganzen [gemeindlichen Jugend-]Lager. Breitsohl ist seit einem dreiviertel Jahr Gauwart für Pommern, vom Ostbund für männliche Jugendarbeit hierher nach Stettin gesetzt. Er ist der Mann, der jegliche Jugendarbeit der BK torpediert und zerstört, wo er kann. Ein eitler, aufgeblasener junger Mann aus der Kaufmannsbranche, der auch in Gesprächen immer betont, dass er wesentlich »alle diese Dinge« vom kaufmännischen Standpunkt ansehe. Der im Februar 37 (!) in einer Jugendkammersitzung der pommerschen BK, an der ich (qua Bruderratsmitarbeiter teilnahm) in frechem Ton, als der Name Niemöllers fiel, Frau [Stephanie] v. M.[ackensen-Astfeld] entgegen schleuderte: »Wer ist Niemöller? Kenne ich nicht!« (So

---

163 Friedegard Vilmar stand dem Predigerseminar in Finkenwalde ambivalent gegenüber. Dies geht aus gelegentlichen Äußerungen in ihren Briefen hervor. Auch erstaunte Rückfragen Winfrids in dem Sinne, was sie eigentlich gegen Finkenwalde habe, sprechen hierfür. In ihrem Brief vom 4. Mai 1937 hatte sie ihm geschrieben: »Du musst nicht denken, dass ich nur Schlechtes von Finkenwalde denke! Gewiss nicht! Ich bewundere die Kraft, die von ihm ausgeht, und die Geistlichkeit, und dass es wirklich ein Seminar ist, wo Ihr noch einmal etwas Fabelhaftes lernt, ehe Ihr ins »Leben« kommt.« Andererseits hatte sie Bedenken, die nun von Erika Dinkler bestärkt wurden, gegenüber der umfassenden Lebensweise der Finkenwalder – wie oben deutlich zum Ausdruck kam. Ihre kritische Haltung bezog die Frage der Gleichberechtigung der Frauen ein; daher die Diskussion um Epheser 5.
164 Der Brief besteht aus drei jeweils beidseitig beschriebenen Seiten.

etwa: Muss ein völlig unbedeutender Mann sein). Wir haben dann teils in amtlichen Räumen, teils in privaten Räumen lebhafte Aussprachen gehabt. Eine halbe Nacht mal mit [Friedrich-Justus] Perels und Wolfgang Schmidt und ihm in meiner Wohnung in der Birkenallee. Er hat vom Kirchenkampf und von Kirche keine Ahnung und spielt den großen Organisator. Ob BK oder D.C., ist ihm ganz gleich. Da ihm der Ausschuss die Tore öffnet und ihn finanziert, macht er da mit und arbeitet da auch stark gegen uns. Er treibt keine Jugendarbeit der Gemeinde, sondern ist (gerade in diesen Lagersachen) eine Art Freibeuter, der sich (niemand weiß wie) in das alte Königsfelder Unternehmen rein bugsiert hat. Er hat keine Auskunft geben können, wie er als Gauwart für männliche Jugendarbeit weibliche Lager macht und damit dem Burckhardthaus und dem »Mädchen Bibelkreis« das Wasser abgräbt. Wir haben auch große Bedenken gegen ein Unternehmen, wo gemeinsame Jungen- und Mädchenlager (bis 18 Jahre!) gemacht werden.

Unter dem leitenden »Freundeskreis« der Einladung steht von nur fünf Unterzeichnern Herr [Karl] von Scheven – solltest Du das wirklich überlesen haben? –, der in Pommern als ein Mann der Grünen Karte eine so große Verwirrung über die BK gebracht hat, und von dem die »Bruderschaft« beim Bruderrat gerade beantragt hat, ihm möge die Grüne Karte entzogen werden![165] Das sind die tragenden Leute dieses Unternehmens! Du hast Angst (offenbar richtigerweise!) Ich würde sagen: zu wenig BK. Ich kann in der Tat nur sagen: keine BK. Es sind die Leute, die es schweigend dulden, die es begünstigen oder verhöhnen, dass unsere Pastoren verfolgt sind. Wie könnte ich da an auch nur einer Stelle mittun? Zumal ich das Prinzip jener Jugendarbeit ablehne in dem Wissen, dass die BK einen Schritt weiter ist in der Erkenntnis, heute nur von der Gemeinde her Jugendarbeit zu tun. Es ist für mich also ein sehr entscheidender Grund.

Das Unternehmen und die Leitung ist verkehrt, darum ist es eine Illusion zu meinen, dass ihr drei Mädels da entscheidenden Einfluss habt (siehe unten). Ich müsste eben die Männer nicht kennen, um das nicht so scharf sagen zu können. Das Unternehmen der Aus-

---

165 Zur »Grünen Karte« vgl. Anmerkung 83.

schüsse war verkehrt, – man hätte ja sagen können, wenn so tüchtige Leute wie Niemöller pp. mitmachten, dann würde es gut. Das eben war das falsche, darum nein. Ich finde, es ist dieselbe Sache mit dem Lager.

Nun bist Du sehr bekümmert und ich weiß das, doch konnte ich Dir das ja nicht verheimlichen. Ich bin selber betrübt, dass ich Dir Deinen schönen Traum so zerstöre. Und so ging ich heute zu [Karl-Heinz] Corbach und sagte etwa: Du, ich muss die Friedegard betrüben; sie will in ein Königsfelder Lager und ich kann das nach Kenntnis der Lage nicht gutheißen. – Da fährt er schon auf: »Etwa unter Breitsohls Leitung?« –»Ja«. (Wir hatten nie über Breitsohl gesprochen; ich platt, dass er ihn kannte) –»Nein, nein, bloß nicht! Glatt unmöglich.« Ich frage: »Ja warum denn nicht?« – »Meine Schwester, Vikarin für weibliche Jugendarbeit beim Burckhardthaus, hat im Vorjahr diese Lager unter Breitsohl mitgemacht. Ich sage Dir: »Sauzustände.« »In welcher Hinsicht?« »Auf der ganzen Linie. Morgens fängt es mit Flaggenparade und Fahnenspruch an; teilweise an der Stelle der Morgenandacht. Die Bibelarbeit wird von der Lagerleitung vorgeschrieben, ebenso die Richtlinien, in denen sie gehalten werden soll. Im Vorjahr war Johannesevangelium dran. Stichworte: »Christus der Starke, Christus der Held, Christus der Sieger und Kämpfer.« Und so erzählte er eine Reihe von Dingen. Ganze Aufmachung ist scheußlich, schreierische Propaganda und Geist ist deutsch-christlich.

Ich werde versuchen, über [Karl-Heinz] Corbach einen vertraulichen Bericht über die Lager im Vorjahr zu erhalten zur Erhärtung aller dieser Einzelheiten. – Und selbst wenn man (was ich begründeter Weise bezweifle) für eine Gruppe ordentliche Bibelarbeit treiben könnte, so ist Beteiligung an der Sache Stärkung einer Jugendarbeit, die wir ablehnen. Liebe Friedegard, ich weiß nicht ob Du jetzt sehr betrübt bist. Oder sagst – froh sagst –: Wenn die Aktien so liegen, ist der Fall klar. Es ist jedenfalls ein Kuriosum, dass Du in ein Lager willst, das von [Karl] Scheven geleitet und propagiert wird, Männer die unsere BK [in] so ausgesprochener Weise zu Grunde richten. – So wie wir in Spantekow ein Jungenslager hatten, so können wir bei uns ebenso gut ein Mädchen-Bibellager mal haben. Die mögliche Anführung: Es sei die letzte Gelegenheit, ist nicht unbedingt richtig. Und wenn DIES die letzte ist, dann lass sie getrost laufen, würde ich sagen, freilich in dem Wissen um Dein enttäuscht Sein eines schönen Planes.[166] –

[...] Ich weiß, dass Deine »Voreingenommenheit« gegen Finkenwalde vom Barth-Gespräch stammt. Aber ich halte Dich für klug genug: Eine Voreingenommenheit in ein fachliches Urteil umzuwandeln, sobald die Vordergründe durch wichtige Gründe beiseitegeschoben [sind]. Wo kämen wir hin, wenn wir bei unseren Voreingenommenheiten stehen geblieben! Denk nur an Deine Voreingenommenheit gegen mich, hihihi.

52

Finkenwalde am 14. Juni 1937[167]

Wie schön, dass ich nun gestern gerade 2. Korinther 12 las, und dass mir die Verse 7[?]–9 gerade in das Herz fielen, wo ich sie so nötig hatte. Irgendwie danke ich auch Dir mit dafür, dass Du mich wieder »zur Ordnung« riefst. Ich war sehr beglückt über dieses Kapitel. Und welch Zusammentreffen: Text der Morgenwache von heute: Sprüche 3,1–12. An Sprüche 3, 5,6 habe ich mich in meiner Examenszeit immer über Deck gehalten, genau mit diesem Wort. Dass Du dich doch auch – trotz Köpfchen, wegen Köpfchen, mit Köpfchen – an dieses tröstliche, große Wort halten könntest. Ich sitze mit meiner Predigt im Druck. Und muss außerdem jetzt die Volksmission mit vorbereiten. Ich bekomme (wie mir der Chef heute allein gesagt) eine Gruppe. Er war überhaupt ganz besonders lieb und voll Vertrauen zu mir. Besprach quasi mit mir, wer sonst noch eine Gruppe haben könnte und wie wir die »schwierigen« Brüder aussuchen und verteilen könnten. Zu mir wird ein Schwieriger kommen ([Gerhard] Rohr), [Karl-Heinz] Corbach und wahrscheinlich Gerhard [Kuhrmann], der sich angeboten hat, die Volksmission mitzumachen, damit wir in alle sieben Ge-

---

166 Vgl. Sabrina Hoppe: Der Protestantismus als Forum und Faktor. Sozialethische Netzwerke im Protestantismus der frühen Bundesrepublik, Tübingen 2019, 300–321.
167 Die Nachricht besteht aus einer beidseitig beschriebenen Postkarte.

meinden mindestens je vier Mann schicken können. Ich war wirklich ganz erstaunt, wie er das alles mit mir besprach. – Er fuhr dann nach Berlin, und Corbach durfte mitfahren zu seiner zufällig zwei Tage Urlaub habenden Braut. Und kurz vor der Abfahrt quatscht einer der Brüder so dumm: Was dem einen recht und den anderen billig und war so missgönnend, dass Corbach nicht fuhr. Tut mir schrecklich leid für ihn. Sowas kommt auch vor. […]

Bultmann hat zugesagt!!! Hurra! Angefangen mit den Worten nach der Anrede: »Sie haben durch ihre Braut eine vorläufige Antwort auf Ihren Brief an mich vom … erhalten.« Meine Braut ist also auch mitten zwischen dieser Aktion, ich zwanglos glücklich, fröhlich und heiter. Sei es auch Du! Und bald ist ja alles geschafft![168]

53

Finkenwalde am 15. Juni 1937[169]

Wenn dieser Brief in Deine Hände kommt, dann ist der Tag, an dem ich vor einem Jahr dort in Marburg ankam, und wo Du mich mit Unkas [ein Bernhardinerhund] abholtest; wir dann am Ortenberg an unserem »Häuschen« vorbeigingen und wie gar kein großer Abstand zwischen uns lag, den wir hätten durchstoßen müssen, – es war immerhin ein dreiviertel Jahr gewesen, seit wir uns gesehen –, und wie Marburg da in der morgendlichen Sonne vor einem lag. Das ist nun ein Jahr her! Und wir sind doch weitergekommen; Du bist nun bald mit der Uni fertig, ich nähere mich dem Abschluss der »zwei Jahre«, und wenn wir frei, in Freiheit meine ich, bleiben und Frieden erhalten, dann werden wir uns hoffentlich in einem Jahr nicht zu schreiben brauchen. Aber in diesen Tagen werden wir ja besonders zurückdenken an »Juni 36«, wie es in den Ringen steht. […]

Das war ja gerade das Originelle an unserer See-Improvisation, dass sie »unpraktisch-unüberlegt« war. Wobei sie am Ende doch ganz praktisch war. Der Chef sagt es bei Tisch, und die meisten Men-

---

168 Zum Vortrag Bultmann ist es nicht gekommen, vgl. Brief Nr. 54.
169 Der Brief besteht aus einem beidseitig beschriebenen DIN A4-Bogen.

schen stolpern über ihre schönsten Pläne aus »praktischen Überlegungen«. Das ist etwas, was ich an Bonhoeffer so sehr liebe, dass er dann eben auch mal so einen verrückten Plan verwirklicht. Ungemein reizvoll finde ich das! Übrigens haben wir junge Menschen so viele Kräfte, dass es auf eine Nacht nicht drauf ankommt. Und die Dampfer- und Zugverbindung nach Swinemünde ist von Stettin ebenso, dass man frühestens um 10.30 Uhr dort und spätestens um 6.15 Uhr fort. – Ich bin durchaus für so »unerfahrene«, dolle Pläne. Geht übrigens meistens gut! [...]

Dass die Sache mit Bultmann nun doch klappen wird, ist mir eine große Freude für ihn und uns. Er will lieber zwei oder drei Vorlesungen halten anstelle eines Vortrages. Aber ich höre ihn schon! Wie er alles sagt, ganz typisch hab ich ihn im Ohr. Vielleicht – es wird wahrscheinlich Anfang September sein – kommt Völger mal für einen Tag und bringt Dich mit. Vielleicht?

Russland und Spanien, ja brodelnde Herde der Völkerwelt. Muss ja doll in Russland sein. Scheint mir übrigens klar zu zeigen, dass Diktaturen auf die Dauer Angstregimenter sind, und darum sich so schwer halten können. Entscheidendes liegt doch nach den Berichten an der Angst des einen. Im Übrigen werden wir im Laufe der nächsten Jahrzehnte eben noch höchst interessante Dinge erleben.

54

Finkenwalde am 16. Juni 1937[170]

Im Übrigen steht es mit der Ecclesia wieder ziemlich dunkel. Und dass Euren Gemeinden davon nichts gesagt wird, das ist so traurig. [Gerhard] Jacobi und [Wilhelm] Niesel sind wieder verhaftet. [Fritz] Mueller-Dahlem gestern zur Vernehmung bestellt. Wir wissen noch nicht, ob da behalten. [Wilhelm] Jannasch sitzt seit vier Wochen, und obwohl krank, erhält er keinen Arzt. Die Kindergottesdienste [sind] wohl besonders streng verboten und große Frage, ob man [sie] weiterführen kann (dann – wahrscheinlich! – fielen auch

---

170 Der Brief besteht aus einem beidseitig beschriebenen DIN A4-Bogen.

Bultis [Bultmanns] Vorträge im September flach).[171] Professor [Ferdinand] Sauerbruch [hat] sich bei der Relegierung einiger BK-Studenten von der Berliner Uni ganz groß benommen. Ganz schwere Gespräche zwischen den Jungens und Uni-Senat (Gericht) mit »Sie lügen ...«, »Nein, Sie lügen« – und Sauerbruch zum Schluss draußen gesagt und es vor Stapo wiederholt: »Ich danke Ihnen. Ich freue mich, dass es noch Männer gibt, die für ihre Sache so eintreten.« – Auch andere furchtbarste Dinge kommen ans Licht, ohne darüber Näheres sagen zu können. – [Hanns] Kerrl-Muhs wollten sodann Kanzelabkündigungen verbieten, worauf ihnen mitgeteilt [wird], dann würde es von katholischen Kanzeln verlesen. Himmler will offenbar diesen radikalen Kurs zurzeit nicht. Wahl kommt in irgendeiner Form doch wohl, oder Trennung von Staat und Kirche.[172] – Nach Oxford fährt von der DEK und von der BK niemand.[173]

55

Stettin, Hauptbahnhof am 17. Juni 1937[174]

Bellum magnum in ecclesia! Mit Bonhoeffer und zwei anderen [habe ich] auf [der] Pölitzer [Straße den] ganzen Vormittag [verbracht].[175] Bonhoeffer eben ab nach Berlin, nachdem er vormittags auf Stapo [in griechischen Buchstaben geschrieben] war. Preußenrat zugesiegelt, alles beschlagnahmt. Ebenso VKL. Viele Verhaftungen. [Gerhard] Jacobi, [Wilhelm] Niesel, [Hans] Lokies, zwei Vikare, eine Reihe von Mitgliedern des Preußenrates, andere stehen vor der Verhaftung. Nicht ausgeschlossen, dass ganz plötzliche Wahl kommt. Auch die zwei Sekretärinnen des Preußenrates verhaftet. Auch zwei Bauern in Schlesien.

---

171 Nach unserer Kenntnis ist es zu einem Vortrag Rudolf Bultmanns in Finkenwalde nicht gekommen.
172 Der Wahlerlass Hitlers vom 15.2.1937. Die Kirchenwahlen fanden nicht statt. Vgl. Bethge: Dietrich Bonhoeffer, 650.
173 In Oxford ist die Weltkonferenz für Praktisches Christentum vom 12.7. bis 26.7.1937 geplant.
174 Die Nachricht besteht aus einer beidseitig beschriebenen Postkarte.
175 Zur Pölitzer Straße in Stettin vgl. Brief Nr. 47.

Wie kann man nur diesen Weg so gehen? Jägermethoden! Und die Intakten, die Intakten? Präses der Grenzmark BK auch verhaftet. Ich [habe] so viel in kirchlichen Dingen jetzt zu tun, dass ich im Moment nicht sagen kann, ob ich heute noch zu einem Brief komme, zumal Vater heute Nachmittag nach F. kommt. Aber es sind eben ganz außergewöhnliche Zeiten. Und dass ich Deiner denke, und wie es wohl um 15.00 Uhr geht, das weißt Du ja, und dass eben in diesen aufregenden Tempora manches unnormal geht, und dass Du über eine Karte auch erfreut sein musst (bitte, bitte!), das alles verstehst Du und bitte ich Dich. – Es ist ja noch nie so weit gewesen, dass Rat und VKL versiegelt sind. Man will ganz zerstören und verwirren. Dazu das Verbot für die BK, Kollekte zu sammeln![176] Etwas geht Dir heute noch zu. Leb wohl. Bete für die Kirche. Dir alles Gute.

56

Finkenwalde am 17. Juni 1937[177]

Ja, Du hast einmal oder öfter von der Bedeutung gesprochen, die Spiro in Deinem Leben hat, wenn auch sicher noch nicht von allem einzelnen. Würdest Du aus Deinem Fotoalbum die Jungs entfernen und ich aus meinem die Mädchen? Würde Dir das irgendwas bedeuten? [Karl-Heinz] Corbach hat es getan! Ich finde das leicht verrückt und habe ihm genau geantwortet: Achtung vor den Träumen der Jugend. Wenn alles zwischen den beiden in Ordnung ist (was ich nicht anzweifele), dann sind Bilder aus der Vergangenheit keine Anfechtung. Und wenn sie Anfechtung sind, dann sind sie es im Herzen und ein Bildersturm ist ganz unsinnig und ohne Nutzen.

Mit der Volksmission haben wir endlich den Plan fertig.[178] Meine Gruppe leider ganz umgemodelt mit Leuten, die ich nicht für die

---

176 Am 9. Juni 1937 erfolgte dies Verbot des Reichsinnenministers. Vgl. DB 653.
177 Der Brief besteht aus einem beidseitig beschriebenen DIN A4-Bogen.
178 Der ausführliche Plan in: Bonhoeffer, DBW 14, 1069 – »In die Tage vom 4.7. – 10.7. fiel dann die große Volksmission des ganzen Seminars, die nun bereits zu einer stehenden Einrichtung geordnet ist, diesmal in dem Kreise Anklam. Sechs Gruppen waren zu gleicher Zeit tätig. Das Generalthema der Mission

besten halte. Der Chef sagte auch: Ist jetzt eine schwere Gruppe, aber die vorige Zusammenstellung ist auch zu leicht für Sie. [Johannes] Taube, der sich als individualistischer Sonderling entpuppt (darüber möchte ich nicht schreiben; ich erzähl dies), [Kurt] Minnich – der kleine Freund aller, herziges Kerlchen, aber keine große Arbeitskraft, [Otto] Janikowski: ruhig, bestimmt und sicher gute Stütze.

Gesamtthema: In der Gewalt Jesu Christi,[179]
erster Tag: Du gehörst Christus,
zweiter Tag: Deine Kirche gehört Christus,
dritter Tag: Dein Haus gehört Christus,
vierter Tag: Er kommt zum Weltgericht.

Jeder von uns vieren spricht an jedem Abend 10 Minuten über vorher für alle Gruppen festgelegte und besprochene Texte.

57

Finkenwalde am 19. Juni 1937[180]

In der Ecclesia steht es hingegen nicht gerade beruhigend. Gestern Abend ist in Trieglaff [Richard] von Thadden von der Stettiner Gestapo abgeholt. [Er] sitzt vorläufig im Stettiner Polizeigefängnis und [es] wird eine längere Sache nach allem Anschein. Andere führende Männer werden bis zur Stunde noch gesucht, weil von Berlin abwesend. Ich habe die Dir zugegangene Abkündigung von Soden geschickt mit [der] kurzen Frage: »Und die Solidarität der Intakten?« Wenn sie sich jetzt nicht offen und ohne Vorbehalt zu uns stellen und unsere (preußische) Sache zu der ihren machen, dann

---

lautete: In der Gewalt Jesu Christi. [...] Solche Volksmissionen wollen uns selbst immer wieder zu treuerer Arbeit bestärken. Wir erfahren ja doch dort, dass Gott sein Wort nicht leer zurückkommen lassen will. Man kann recht oft, so auch im Kreise Anklam, nicht gerade von Unchristlichkeit sprechen, obwohl die Unwissenheit über das Wesen der Kirche groß ist. Da lernen wir immer wieder gerade dies: Treuer müssen wir werden, unsere Gemeinden zu besuchen, weil Besuche die Gemeinde wieder mehr zusammenführen« (22. Brief aus Finkenwalde vom 29. Juli 1937, in: Finkenwalder Rundbriefe, 367).
179 Vgl. Bonhoeffer: DBW 14, 1069.
180 Der Brief besteht aus einem beidseitig beschriebenen DIN A4-Bogen.

sollen sie nicht noch einmal von Bekenntnis und Bekennender Kirche reden. Es scheint die Methode zu sein: die Führerschicht abzuschnappen, dann plötzlich Kirchenwahl oder was Besonderes. Es ist doch gar nicht zu verstehen, wenn nicht irgendetwas ganz großes, Einschneidendes bevorsteht.

[...] Wir kommen zu eigener Arbeit fast gar nicht mehr. Dauernd kommt was dazwischen. Mal die Vorbereitung der Volksmission, dann arbeiten für die Pölitzer, dann dieses dauernde auf dem Sprung sein wegen der kirchlichen Ereignisse. Ich bin müde und arbeitsunlustig. Man ist so etwas in der Stimmung, man mag nichts anrühren.

Übrigens aus Deinem Brief erstaune ich über all die Dinge, die Du hast wissen müssen und doch weithin auch gewusst hast. Sehr beachtlich. Aber wenn ich an meine N. T. Prüfung bei [Heinrich] Rendtorff denke, dann habe ich auch noch das Unbehagen: Vieles, vieles gewusst zu haben, was man in keiner Weise anbringen konnte. Immerhinque. Wer weiß, wozu es noch mal gut ist.

Mit der A. F. C. [Vilmar] Dogmatik komme ich auch nicht weiter. In [Hans] Asmussen »Sola fide 1« stehen manche sehr schöne Sachen.[181] Auch über die Preisgabe von inneren Dingen vor anderen im Unterschied zu echtem Bekenntnis und echtem Gebet.

58

Finkenwalde am 20. Juni 1937[182]

Gestern ist Frau [Elsbeth] Asmussen verhaftet, weil man ihn nicht finden kann. Wir sind sehr in Bewegung über das Festsetzen von Geiseln. Damit kann man dann ja ALLES herausbekommen. Sie werden noch die Kinder nehmen und auf diese Weise einen Druck auszuüben versuchen. Abgesehen davon, dass Frau Asmussen eine sehr tapfere Frau ist, die den Leuten schon sagen wird, was sie tun, ist es für ihn natürlich furchtbar schwer. Und so rechnen wir damit, dass er in Berlin wieder auftritt und dann verhaftet wird. Ferner sind gestern

---

181 Hans Asmussen: Sola fide – Das ist lutherisch! (Theologische Existenz heute 49), München 1937.
182 Der Brief besteht aus einem beidseitig beschriebenen DIN A4-Bogen.

verhaftet: [Günther] Brachmann-Dahlem, der Finanzverwalter der preußischen BK; P. [Friedrich] Middendorf – Schüttorf; ein Pastor aus dem Rheinland; einer noch aus Schlesien; eine Sekretärin, ein Büroangestellter. Im ganzen etwa 30 Verhaftete. Dabei hat man keinen Eindruck, dass es nicht weitergeht. Und ich rechne irgendwie kaum damit, dass unsere Volksmission glatt geht; entweder werden wir noch Wahlreden halten müssen oder sonst irgendwie unter das Volk. Man kann doch auf die Dauer nicht schweigend mitansehen, wie einer nach dem anderen da oben festgesetzt wird. Das muss man doch irgendwie offen und laut sagen.

Wie würdest Du zu der Sache Frau A.[smussen] stehen? Muss er sich jetzt nicht melden? Oder muss er weiter von unbekanntem Ort aus frei sein für die BK? Um noch wirken zu können? Ganz furchtbar schwere Frage. Vielleicht kann man sie gar nicht generalisieren, und jeder muss wissen, wie viel er seiner Frau zutrauen kann und wie viel nicht. Aber man kann an dieser Sache ja blitzartig sehen, was es um [die] Frau eines BK-Pfarrers in Zukunft sein wird, und wie sie wirklich neben und mit ihm ganz fest stehen muss, und vielleicht auch einmal stellvertretend für ihn ins Gefängnis gehen. Aber es ist eine schwere Sache darum. Und der Gedanke an solche Möglichkeit zeigt ja klar, ein wie unerhört großes Maß brüderlich-geistlicher Nähe zwischen Mann und Frau herrschen müssen, solche Dinge zu ertragen und zwar freudig zu ertragen. – Was meinst Du dazu? Es ist ein neuer Beitrag zu dem großen ungeschriebenen und noch wohl lange nicht abgeschlossenen Kapitel: Die Frau im Kirchenkampf.

[Martin] Niemöller war gestern bei [Franz] Gürtner. Was dabei herausgekommen ist, wissen wir nicht. [Konstantin von] Neurath ist auch bzw. hat sich unterrichtet über den Stand der Dinge, ehe er Dienstag oder Mittwoch rüberfährt. Es hat auch so den Anschein (aber das ist ganz unkontrollierbar), als ob die Sache vom Kirchenministerium ausgeht, und als ob der Führer nichts weiß.

In solchen Zeiten ist das Arbeiten natürlich furchtbar schwer, weil die Gedanken immerzu abschwirren. [Reinhold] von Thadden ist übrigens vom Polizei- ins ordentliche Gerichtsgefängnis überführt. –

[...] Mit den Briefen, ja wegen der Kinder ist das gar nicht dumm, was Du gesagt [hast]. Es ist wohl so, dass man bis auf einige wenige alles weg tut. Ich habe von allen Menschen, allen möglichen verschiedenen Menschen, die wichtigeren Briefe aufgehoben. In Spantekow werde ich dir zeigen, nach welchem »System«. Da aber normalerweise die Kinder auch schon erwachsen sind, wenn sie die Briefe ihrer Eltern oder an sie zu sehen bekommen, dann ist ja vieles anders, und die erwachsenen Kinder werden dadurch vielleicht ihre Eltern besser verstehen können, kann ich mir denken. – Ich hab's mir eben noch mal zu besprechen mit Dir notiert und dabei gemerkt, dass es ja (wenn alles gut geht) nur noch dreieinhalb Wochen sind! Hurra!

Friedegard Vilmar befand sich in diesen Tagen mitten im Examen und schrieb an Winfrid am 21. Juni 1937 zu seiner Frage Elsbeth Asmussen betreffend:

Ja und Frau [Elsbeth] Asmussen? Ach, Du? Was da wohl richtig ist. Ich finde, man kann das gar nicht sagen! Aber doll ist's!

59

Stettin am 21. Juni 1937[183]

Eben ganz plötzlich in die Stadt gefahren, weil eben auch [Heinrich] Rendtorff von der Gestapo abgeholt ist. Aus einem Pfarrkonvent heraus. [Paul] Humburg auch captum est. Andere im Reich. Frau [Elsbeth] A.[smussen] ist wieder frei. Nur als Gruß. Will sagen, dass ich nachher noch zu einem Brief komme.

17.45 [Uhr] – eben R.[endtorff] wieder frei. Ich [habe] aber hier noch zu tun.

60

Finkenwalde am 21. Juni 1937[184]

Es sind schon Zeiten! Wo soll das nur enden? Mir ist ja um die Kirche gar nicht bange, und wenn noch ganz andere Leiden kämen!

---

183 Die Nachricht besteht aus einer beidseitig beschriebenen Postkarte.
184 Der Brief besteht aus einem beidseitig beschriebenen DIN A4-Bogen.

Das wird sich nicht ausrotten lassen, Gottes Wort. Aber kann diese Methode auf Dauer unserem Volke gut sein. Darum habe ich Sorge! – [Heinrich] Rendtorff hat gestern vor der Predigt alles abgekündigt und dann von den Mitgliedern seines Ortsbruderrats die Kollekte einsammeln und auf dem Altar ausschütten lassen. Heute wurde er aus einem Pfarrkonvent von [der] Gestapo abgeholt, die Pastoren sangen »Ach bleib mit Deinem Schutze«, während Rendtorff durch ihr Spalier zum Gestapo Auto ging. – [Martin] Niemöller [sprach] am vorigen Donnerstag in dem Doppelgottesdienst am Hohenzollerndamm, wo Hitlerjugend in den Kirchenraum eindrang und »Volks-, Landesverräter« schrie – [die] nachher vom Überfallkommando weggebracht werden musste – in diesen beiden Gottesdiensten hat er eine Kollekte von 1500 Mark gehabt. Sowas gibt es eben noch.

Es wundert mich übrigens, dass Du zu den Dingen in der Kirche gar nichts sagst, es ist ja immerhin so wie noch nie, da man diesmal oben und nicht unten anfängt mit dem Verhaften. [Paul] Humburg, der so schwer krank war, [Hugo] Linck-Ostpreußen und andere neun. Geschäftsstelle Grenzmark ausgeräumt. Die Gerüchte über eine kurz bevorstehende ganz plötzlich angesetzte Kirchenwahl verdichten sich. Parole: »Für eine Staatskirche Adolf Hitlers gegen den Weltbolschewismus.« Aber das sind wahrscheinlich Gerüchte, die man dementsprechend ansehen muss.

Rendtorff dann wieder freigelassen. Auch Frau [Elsbeth] Asmussen ist wieder frei. Aus Berlin haben wir heute nichts gehört. [Martin] Niemöller von Franz Gürtner am Sonnabend übrigens nicht empfangen. Mittwoch Reichsbruderrat.[185] Neurath einige Tage früher als vorgesehen abgereist, – um über Kirche zu verhandeln?! So stehen wir in großer Bewegung.

---

185 Mitglieder des Reichsbruderrats waren Joachim Beckmann, Wilhelm Niemöller, Hans Böhm, Kurt Scharf, [Vorname nicht ermittelbar] Hofmann, Hans Joachim Iwand, Werner Schmand, Gerhard Gehloff.

61

Finkenwalde am 22. Juni 1937[186]

Eben an Bulti [Rudolf Bultmann] beiliegenden Brief geschrieben. Bitte zurück. Ist doch doll, dass [Rudolf von] Thadden nur alle 14 Tage Besuch empfangen darf. Wie ein gemeiner Verbrecher. Auf der Stapo hatten sie gestern – als [Heinrich] Rendtorff da war – dessen Predigtwortlaut in einer verblüffenden Genauigkeit, so dass er geantwortet hat: Die Nachricht ist ja genauer als mein Konzept. Man vermutet, dass es technisch abgehört ist und gleich auf Platte aufgenommen [wurde], so genau. Neurath also nicht gefahren. Ich kann mir nur denken wegen der Kirchensachen. Übrigens werden Briefe wieder abgeschnappt. Ich bin auch sicher, dass unsere Post überwacht wird. Du denkst daran? –

Gestern mit [Alfred] Schröder die Weberei besprochen. Die Kurse sind nur im Winter, beginnen etwa im November. Dauern 14 Tage; sind für etwa 20 Mädels aller Stände. Kosten 20 M und halbe Reise. Finde ich sehr billig. Dafür ist Leben und Wohnen. In den Kursen, das ist der Hauptzweck, wird gelernt, wie man weibliche Gemeindejugendarbeit der BK treibt. Auch gleich praktisch untereinander. Spiele auch etc.; und dann eben Weben. Es wäre – wenn man in diesen Zeiten einen so weiten Plan machen kann – zu erwägen, ob Du auf Deiner Rückfahrt dahin gehst. Es ist bei Potsdam. Im Übrigen können wir, wenn Du hier bist mit Schröder ja noch einmal reden. Er hat uns ganz entzückende gewebte Sachen gezeigt, von den Mädchen. Jetzt hat er neulich einen Kurs von jungen Pfarrfrauen gehabt.

Aber das alles liegt mir auf einmal noch in so weiter Ferne. Das Vordringliche, mir vor den Füßen liegende bewegt mich viel mehr. Diese Sache kann ja gar nicht anders zu begreifen sein, wenn sie nicht irgendwas Großes vorhaben. Man munkelt immer noch von einer plötzlichen Kirchenwahl. Sowas kann ja bei uns sehr schnell gehen. –

---

186 Der Brief besteht aus einem beidseitig beschriebenen DIN A4-Bogen.

Ich sehe übrigens auf einem Zettel neben mir, Du hattest neulich mal nach »Ordinationsgespräch« gefragt. Am Ordinationstage hat der Ordinator mit den Ordinanden ein längeres, seelsorgerisches sogenanntes Ordinationsgespräch, in dem das Ordinationsgelübde besprochen wird. Das ist ein ganz großer Tag; für einen Pfarrer vielleicht der aller eindrücklichste und wichtigste Tag, der der Ordination. –

Jemand hatte einen Brief aus der Grenzmark, wo [Martin] Niemöller am Sonntag vor anwesender Stapo gesprochen hat und gesagt: Vielleicht kommt am Sonntag ganz plötzlich Kirchenwahl. Und hat gesagt, was dann tun. Und nicht hingehen. In Berlin trifft man auch schon Vorbereitungen über eine Kirchenwahl.

Dass von Soden jedenfalls grundsätzlich zu dem September-Kurs gehen will, finde ich fein und tapfer. Ich fürchte ja, der kommt nicht zustande. Denn in der Ki[rchlichen]ho[chschul]-Leitung ist man sich nicht einig, ob man die Studenten dem KZ aussetzen darf, was ihnen angedroht ist. [Hans] Asm[ussen] will dafür nicht die Verantwortung tragen. Nun, wenn von Soden privatisiert wird, dann kann er ja tüchtig für die BK arbeiten. Finde das auch besser als sich den hoffnungslosen Fakultäten hinzugeben.

62

Finkenwalde am 23. Juni 1937[187]

An einen großen Bogen wage ich mich heute nicht heran. Denn einmal muss ich noch bis zum Abend Verschiedenes an Predigtentwürfen für die Volksmission arbeiten. Außerdem auch noch einen eigenartigen Besuch tätigen, der möglicherweise 2–3 Stunden in Anspruch nimmt. – Es war im Sommer 33, als an allen schwarzen Brettern der Greifswalder Uni ein Protestanschlag gegen Ludwig Mueller und die Methode, ihn zum Reibi [Reichsbischof] zu machen, erschien; im Namen von – ich glaube – 130 Studenten hat-

---

187 Die Nachricht besteht aus zwei jeweils beidseitig beschriebenen Briefkarten im Format DIN A6.

ten fünf gezeichnet. Der eine war [Wolfgang] Büsing; das andere ein SS-Mann (Theolstudent, den ich aus den Augen verloren); das dritte Elgeti, jetzt Leutnant, das 4. Knothe, jetzt Bürgermeister von hier, damals guter Kampfgenosse von mir, alter PG, Theolstud, Gauredner etc., das fünfte war ich. Und eben den Knothe, den ich hier als Bürgermeister und Amtsvorsteher wieder vorfand (damals auch schon SS-Mann), eben den will ich heut besuchen. War neulich bei ihm auf dem Gemeindeamt, zu seinem restlosen Erstaunen. Da haben wir heute den Termin verabredet. Passt mir wegen der vielen Arbeit und der inneren Unruhe gar nicht, aber ich halte solch Gespräch für nötig. Wenn ich Studienfreund von [Josef] Goebbels wäre, würde ich eben auch zu ihm gehen!

Die Verhaftungen gehen weiter: [Martin] Albertz-Spandau, Mitglied der VKL, Doktor Elss, der Jurist (hauptamtlich) neben Doktor [Hermann] Ehlers im Preußenrat. In Berlin in Moabit sollen die Pastoren übrigens wenig freundlich, zum Teil schikanös behandelt werden; während [Reinhold] von Tadden wohl noch ordentlich untergebracht ist. Am Tage vor seiner Verhaftung waren dieselben StapoLeute mit demselben Auto in Trieglaff und haben sich als Viehhändler – sinniger Vergleich! – ausgegeben und wollten bei Herrn von Tadden junge Fohlen kaufen, und als sie hörten, dass weder der Herr noch die Frau [Elisabeth von Thadden] (ja schwer krank) zu Hause waren, da sind sie unverrichteter Sache abgefahren. Am nächsten Tage waren dann die Viehhändler Gestapo Beamten! Sehr schön, was?
[...]
Schließe die Gefangenen in Deine Fürbitte mit ein!

63

24. Juni [1937][188]

Ich bin außerstande, einen Brief zu schreiben. Über Nacht bis drei gearbeitet. Heute den ganzen Tag auf der Achse. Fahre möglicherweise heute oder morgen nach Ostpommern. Ganz unsicher alles.

---

188 Auf einem abgetrennten Blatt mit Schreibmaschine geschriebenes Fragment.

Muss abwarten. Wir [sind] noch unbehelligt. Reichsbruderrat [ist] sich einig einschließlich der Intakten.

Musst nicht böse sein und bei allem doch zuversichtlich und sehr gewiss.

Ob Wahl oder Nichtwahl, – keiner kann es sagen. Presse soll Sonnabend früh größeren Raum freihalten. In Bayern liegen versiegelte Briefe »am Tage der Bekanntgabe der Kirchenwahl zu öffnen« auf den Gemeindeämtern. Lebewohl. Ich gebe Standort an.

64

Finkenwalde am 25. Juni 1937[189]

Es ist schon ein turbulentes Hin- und her, und von richtiger Arbeit keine Rede und dauernd [muss man] auf dem Sprung sein. Erstens wird – wie augenscheinlich bei einer Reihe von Briefen der Brüder zu sehen; (die Briefe ganz ordentlich zulacken![190]) – unsere gesamte Post überwacht. Bitte also nichts aus der Politeia [in griechischen Buchstaben geschrieben] schreiben. Zweitens war der Plan für einen dienstlichen Urlaub fertig. Wo ich hin sollte, sagte ich gestern. Heute Morgen Telefonat mit [Martin] Niemöller. [Joachim] Beckmann, [Otto] Fricke-Frankfurt, [Martin] Albertz, [Etel-Friedrich] von Rabenau wieder frei; Frau [Elsbeth] Asmussen war gestern wieder verhaftet, am Abend frei, heute um 6.00 Uhr »Besuch« und sie zu 10.00 Uhr bestellt; [Karl] Mensing – Jurist aus dem Rheinland – verhaftet, ebenso Assessor [Heinrich] Vogel (von der VKL), wo wir hören, dass die Wahl abgesetzt zu sein scheint, da man erfahren, ganze BK mit Intakten würde nicht mit wählen. Wahrscheinlich keine Wahl also an diesem Sonntag. Wir darauf (Niemöller übrigens gestern vom Generalstaatsanwalt scheußlich wie ein Schuljunge verhört; er habe sich auf den Ton umgestellt) wieder in unseren Herzen auf Volksmission umgeschaltet, in der Absicht, dass wir Montag führen. Eben, 14.30 Uhr, ist der Chef in Stettin. Und er bekommt Be-

---

189 Der Brief besteht aus einem beidseitig beschriebenen DIN A4-Bogen.
190 Die Briefe von Friedegard wurden offenbar mit Lack und einem Stempel versiegelt – aus Sicherheitsgründen.

Die Briefe

scheid, dass wir nächste Woche nicht weg können, und also ist nun erst mal die Volksmission auf acht Tage verschoben. Was nun die nächste Woche bringen kann, weiß kein Mensch. Es wird wohl in dieser Unruhe weitergehen. Dabei kann uns natürlich auch jeden Tag der Laden zugemacht werden.

65

Finkenwalde am 26. Juni 1937[191]

Ich wurde mittags nach Stettin gerufen, traf dort Eltern und Hartmut [Krause] und Gerhard [Krause].[192] Hatte dann Verschiedenes zu erledigen, wo »man« hinter mir her war. Es sind eben bewegte Zeiten, wo man persönliches auch zurückstellen muss, und in diesem Sinne wirst Du es verstehen und auch nicht traurig sein. Morgen, hoffe ich, zu einem Brief zu kommen.

66

Finkenwalde am 27. Juni 1937 [Sonntag][193]

[Oben rechts:] ADOLF HITLER: »IMMER WENN DIE FREIHEIT GESCHÄNDET WIRD, TREFFEN SICH DIE BESTEN IM GEFÄNGNIS.« Am 15.6.1924 in Landsberg (im I[llustrierten] B[eobachter] zum 20.4.37).

[Martin] Franke wollte vorgestern [Heinrich] Rendtorff besuchen. Hatte das auch getan, war dann bei [Martin] Niemöller und wird mit [Wilhelm] Rott (Vorgänger von Fritz [Onnasch]) von der Straße weg verhaftet unter Verweigerung der Grundangabe und unter Verbot, noch mal irgendwohin zu telefonieren und es jemand zu sagen. Wir hatten (da er am Nachmittag wieder in Stettin sein wollte) Sorge. Er ist dann erst auf einem Revier bis gegen Morgen festgehalten,

---

191 Undatierte Ansichtskarte vom Stettiner Hafen, Datumstempel auf Briefmarke, einseitig beschrieben.
192 Gerhard Krause und Hartmut Krause sind die jüngeren Brüder Winfrids.
193 Der Brief besteht aus einem beidseitig beschriebenen DIN A4-Bogen.

wo man ihm gesagt hat: Ja, Sonntag sollte ja die Kirchenwahl sein; die wurde nun ja abgeblasen. Dann ist er zum Alex gebracht [worden], dort in Gemeinschaftszelle! Findet plötzlich Doktor Elss, vom Preußenrat. Mittags um zwei ohne Grund entlassen. Auch hier in Stettin war »man« gestern auf dem Büro und hat 5–6 Stunden den Vertreter von Rendtorff für Gemeinde und Provinz verhört.

Heute Morgen ist durch Polizeirundfunk (bzw. schon gestern Abend) verboten, den Namen der Gemaßregelten zu verlesen im Gottesdienst. Heute Morgen kamen in alle Pfarrhäuser, auch hierher die Landjäger und Beamten und teilten unter Androhung staatspolizeilicher Maßnahmen das mit. Ob das nur für Pommern geschehen oder ganz Preußen, weiß ich nicht. Entweder sie verhaften nun viele, denn diese offenbaren Eingriffe in die kirchliche Verkündigung werden ja viele verweigern, oder es bleibt bei der Mitteilung. Beides untergräbt das Vertrauen und ist für unser Volk nicht gut. Warum sieht man, wie das Unrecht geschieht, und weiß doch sehr wohl, dass unser Volk alles ausbaden muss? Man möchte so gerne dies alles abwenden von unserem Volke, aber man hat keine Möglichkeit. [...]

Am Dienstag und Mittwoch haben wir in Stettin (drei) und in Podejuch Bittgottesdienste, wo der Chef predigt und wir singen.[194] Mal abwarten, ob das gut geht. –

Ich habe heute, müde zu jeder schwereren Lektüre, »Die glückliche Ehe« gelesen. Steht doch manches wirklich feine darin.

Denk an die Kirche. Es sind immer noch 40 Verhaftete. [Wilhelm] Jannasch schwer krank im Gefängnis. Man befürchtet Embolie. Etwa in zehn Tagen, sagt man, sollen die Prozesse beginnen (unsere Post wird kontrolliert!).

---

194 Diese Predigt Dietrich Bonhoeffers ist nicht erhalten.

67

Finkenwalde am 28. Juni 1937[195]

Heute vor einem Jahr war Sonntag, und ich lag mit abwärts gehendem Fieber ohne rechten Appetit in der Klinik. »2 Stunden darf heute Friedegard kommen. Sie liest mir vor. Und erzählt, und wir besprechen, wie das nun weiter werden soll mit uns ...« Es scheint das alles gestern gewesen zu sein, so genau steht es mir vor Augen, und andererseits ist es sagenhaft fern, wenn ich bedenke, was alles dazwischen schon geschehen ist. Und so denkt man zurück und die gut 14 Tage, die wir (wenn alles gut geht, womit ja nicht unbedingt zu rechnen ist) vor uns haben, kommen einem noch erheblich lange vor.

Ich bin, übrigens wie die meisten anderen hier, ziemlich träge, etwas zu arbeiten. Man »mag« eben nichts tun. Und es wird Zeit, dass Ferien kommen. Auch die ständige Ungesichertheit im Sinne von Ungewissheit darüber, wie das mit der Kirche weitergeht, macht so unlustig zu jeder geregelten Arbeit. Jeder Telefonanruf elektrisiert die ganze Bande, kurz: Die Ruhe ist hin, auch wenn wir den Seminarbetrieb wieder aufgenommen und auf »Arbeiten« gestellt haben. – Hinter Gerhard [Krause] sind sie nun auch her und den Vertreter von [Heinrich] Rendtorff haben sie nur losgelassen, weil er gestern predigt und heute die Beerdigung seiner Mutter hat. Sechsstündiges Verhör, mit wechselnden Verhörenden!

Bei dem Calwer Kirchenlexikon, dessen Prospekt Du mir vor einigen Tagen geschickt hast, habe ich mit nicht geringer Verwunderung gelesen, dass die BK vier, die D. C. aber doppelt so viel Spalten, nämlich acht, bekommen haben.[196] Ob das auf den Geist des Lexikons schließen lässt? Bei der Durchsicht der angegebenen Mitarbeiter fand ich erfreulicherweise keinen eindeutigen Anhaltspunkt dafür; viele Namen sind mir aber unbekannt.

---

195 Der Brief besteht aus einem beidseitig beschriebenen DIN A4-Bogen.
196 Friedrich Keppler: Calwer Kirchenlexikon. Kirchlich-Theologisches Handwörterbuch, Band 1, Stuttgart 1936.

Gestern Nachmittag haben wir mal ganz etwas anderes gelesen: aus Schwab die Theseus-Sage.[197] Weil der Chef nicht dabei war, wurde leider durch Fez (?) manches gestört, auch hat man mit all den einen bewegenden Gedanken nicht die richtige innere Gelassenheit, so was aufzunehmen, aber trotzdem ist es schön, von Zeit zu Zeit einmal danach zu greifen. So etwa als Primaner habe ich diese Geschichten alle schrecklich gern gelesen.

[...] Hast Du gelesen (oder schrieb ich es schon?), dass bei dem Prozess um den Speyer-Bischof [Ludwig-Sebastian] jetzt man ihm die Fotokopie eines eigenen Briefes vorgelegt hat?[198] Sehr interessant. Peinlich für ihn, dass er vorher den fraglichen Tatbestand geleugnet hatte. Interessant von wegen der Methode.

68

Finkenwalde am 29. Juni 1937[199]

Der Bürgermeister [Knothe] war zu verabredete Stunde nicht da. Ich muss es jetzt erst mal verschieben.

[...] Ja für einen Teil der Preußenratsmitglieder gibt es Schnellgerichtsverfahren, d. h. vor ordentlichen Gerichten, der Gestapo entzogen, mit Berufung ans Reichsgericht. Die Justiz will die Männer von sich aus nicht verurteilen, aber man muss abwarten.

Noch einige Nachrichten: Neu verhaftet [sind] ca. 5–7 Pfarrer und Vikare und sechs Frauen aus dem Saarland. Seit dem Wahlerlass, der der Kirche die Freiheit zusicherte, sind insgesamt 104 Glieder der BK verhaftet, von denen etwa 50–70 noch in Haft sind. Schwankt dauernd. Auf das Kollektenverbot für die BK hin hat [Martin] Niemöller am letzten Sonntag eine Kollekte von 2430 Mark gehabt. Doch ganz erstaunlich, was?

---

197 Gustav Schwab: Die schönsten Sagen des Klassischen Altertums, Band 1–3, Stuttgart 1838.
198 Ludwig Sebastian (*6.10.1862 in Frankenstein, †20.5.1943 in Speyer). 1917–1943 Bischof der römisch-katholischen Diözese Speyer.
199 Der Brief besteht aus einem beidseitig beschriebenen DIN A4-Bogen.

Ansonsten scheint kein bestimmtes zielbewusstes System in den Verhaftungen zu liegen; die ganze Sache scheint vorwiegend vom Kirchenministerium auszugehen; hört man jedenfalls. Die Begründung über unsere Nicht-Beteiligung in Oxford ist ja auch süß. Bischof [Theodor] Heckel von der DEK soll in der Tat so oder ähnlich geschrieben haben. –

69

Finkenwalde am 30. Juni/1. Juli 1937[200]

Im Übrigen hat Pagenkopf die Namen der am Sonnabend an der Sitzung Teilgenommenen verraten. Auch Vaters, auch Bonhoeffers, sodass wir gar nicht wissen, ob sie uns nicht schließen; was ich persönlich übrigens nicht annehme. Als P. nichts hatte sagen wollen, haben sie ihn drei Stunden in Einzelzelle gesetzt und dann hat er <u>alles</u> erzählt. Inzwischen höre ich, dass er es nicht am Sonnabend, sondern am Dienstag erst gesagt hat. Man soll eben nicht 3/4 kranke Männer an so verantwortliche Stellen tun. Desto genauer werden wir nun sicher kontrolliert, aber das ist nun mal so. Bonhoeffer ist heute nach Berlin. – Voraussichtlich ist nun nächste Woche die Volksmission. Aber was heißt »voraussichtlich«? Noch eine unbeantwortete Frage.

[...] Als ich gestern spät abends zurückkam, fand ich Deine beiden Briefe vor. Liebste, Du hast eine große, eine sehr große Erkenntnis getan; in dem Gespräch mit Körbchen etc. Eine so große wie sie die allermeisten Pfarrer der BK noch nicht getan haben (deshalb von jeweiligen positiven oder negativen Ereignissen zur Lage auch so abhängig sind), und ich wünschte, dass Dir und mir diese Erkenntnis über unsere irdischen und sarkischen[201] Wünsche

---

200 Die Nachricht besteht aus zwei jeweils beidseitig beschriebenen DIN A4 Bogen und einer beidseitig (mit Bleistift) beschriebenen Postkarte.
201 Der Begriff taucht z. B. in einer stenografischen Mitschrift zu Bonhoeffers Bibelarbeit zu den Timotheus-Briefen im vierten Kurs auf, vgl. DBW 14, III/16., 954 ff. Hier: »(Paulus) weiß, da nichts für die Gemeinde verführerischer ist, als dass die *sarkische* Heiligkeit und Christlichkeit irgendwie bestärkt wird, dieses fromme Fleisch irgendwie am Leben erhalten wird« (DBW 14, 965). Gemeint

und Hoffnungen und Pläne und Gedanken für unser gemeinsames Leben hinaus, dass diese Erkenntnis uns nicht wieder verloren gehe, eben die: dass es zwischen den anderen und uns keinen Frieden je gibt, dass die Abgründe zwischen ihnen und uns so unerhört sind, dass sie gar nicht mehr im Bereich des Menschenmöglichen liegen (weswegen man auch mit diesen anderen menschlich oft gut kann und sie gern hat), und dass dort, wo tatsächlich einer von ihnen zu uns oder einer von uns zu ihnen hinüberkommt, Gott selbst oder eben der Teufel selbst es getan hat. Fest steht jedenfalls, dass die Überbrückung dieses Abgrundes (der sich da in eurem Gespräch aufgetan hat) keine Sache von Menschen mehr ist. Der Dämon der Blindheit hat sie geschlagen und darum können sie nicht hören und zählen nur immer die ihnen eingerammten Kampfparolen auf. »Denn es werden falsche Christi (!!) und falsche Propheten (!!) aufstehen …, dass verführt werden in den Irrtum, wo es möglich wäre, auch die Auserwählten« (Matthäus 24,24). Das ist zu sagen zu den Mädchen aus christlichen Häusern und noch vor zwei Jahren BK. Und nun ist es eben mit dem Abgrund so, dass nur die Bedeutungslosen ohne Entscheidung dastehen, zerrieben werden oder sonst vergehen. Aber das sind wirklich die Belanglosen. Wichtig ist das Für und Wider den Christus als Eckstein. Und da gibt es keinen Frieden, und so ein Gespräch, wie Du es gehabt hast, zeigt das ja in hellster Weise. Der alte Zustand, dass es im Grunde eine Selbstverständlichkeit war, Christ zu sein, ist vorüber; ebenso wie die alte Kirche. Die meisten Christen aber meinen noch: es wären nur gewisse Mängel abzustellen, und die Kirche könne wieder friedlich und als angesehener Faktor im öffentlichen Leben existieren. Nein, der Schaden ist ein totaler, der offene und geheime Abfall. Und gerade das sollte einen fröhlich machen (obwohl es jeden von uns – wo es uns geschieht – erschreckt, traurig und verzagt macht), weil sich nur das Wort der Bibel erfüllt. Tatsächlich erfüllt! Und weil wir das sehen, ist unsere Gewissheit so groß und das Anrennen der anderen im Grunde so verzweifelt.

---

ist sarkisch im Sinne von sarx/Fleisch in Opposition zu pneuma/Geist. *Sarkische* Wünsche sind *fleischliche* Wünsche, irdische Wünsche, keine geistlichen.

Du mögest aus dem allen nur sehen, meine Friedegard, dass ich die Not und Schwere und Beunruhigung solcher Gespräche mit Dir empfinde, dass ich Dich darüber hinaus aber glücklich preise, dass Du solche Gespräche führen durftest, und dass Du Widerstand geleistet hast. Der Lehrtext von dem Tage des Gesprächs (28. Juni) aus Offenbarung 21 kann das ja nur erhärten.

70

Finkenwalde am 2. Juli 1937[202]

Gestern Abend hieß es: [Heinrich] Rendtorff und [Rudolf] von Thadden seien frei, und beim Abendbrot: Um 20.15 Uhr sei in Rendtorffs Gemeinde ein Gottesdienst für ihn. Wir schnell aufgebrochen und hin und gesungen im Gottesdienst. Hinterher mit Rendtorff kurz gesprochen. Ihm haben die Losungen im Gefängnis viel Kraft gegeben. Er und Thadden haben nur eine Haftunterbrechung bis zum Prozesstermin, und zwar so, dass Rendtorff im Urlaub und von Thadden auf Trieglaff bleiben muss.

Dagegen ist ja nun – wie Du der Presse entnommen haben wirst – [Martin] Niemöller verhaftet und nach Moabit gebracht. Es soll also gründlich reingemacht werden, und es war vielleicht auch in der Struktur der BK in Deutschland irgendetwas falsch, – taktisch gesehen. Denn man kann diese ganzen Ereignisse ja nur als ein Gericht verstehen, – geistlich gesehen. Der Niemöller-Prozess wird sehr schwierig werden, und man wird ihm vieles aufhalsen. Heute beginnt der erste Prozess gegen [Gerhard] Jacobi, [Wilhelm] Niesel, Dr. [Hermann] Ehlers und [Wilhelm] von Arnim-Lützow. Wir rechnen mit Gefängnis, Verurteilung. [Friedrich-Justus] Perels ist auch frei und ich saß mit einigen und ihm noch lange zusammen.

[...] Der Chef und [Eberhard] Bethge, die immer noch in Berlin sind, waren gestern 7–8 Stunden capti erant, dann aber wieder frei. In dieser inneren Unruhe soll man nun sich vorbereiten und sammeln. Es ist tatsächlich eine verrückte Sache.

---

202 Der Brief besteht aus einem beidseitig beschriebenen DIN A4-Bogen.

71

Finkenwalde am 3. Juli 1937[203]

Ein nochmaliges Gespräch mit Körbchen hat nur dann Sinn, wenn sie als Vorbedingung verbis expressis zugeben:
1. Dass sie Dich bzw. damit die BK nicht politisch diffamieren, verdächtigen oder beschimpfen (wollen).
2. Dass sie auf Deine kirchlichen sachlichen Argumente hören und darauf antworten wollen.

Wenn sie diese beiden Voraussetzungen nicht zugestehen, dann würde ich nicht mit ihnen reden. Ich rate dir also Folgendes: einer Verabredung zu einem Gespräch grundsätzlich zuerst zuzustimmen. Ganz zu Anfang, also vor dem Gespräch, sagst Du die beiden Dinge als Deine Voraussetzungen für ein Gespräch. Geben sie sie zu, dann gut, geben sie sie nicht zu, dann sage: »Dann spreche ich nicht mit euch über religiöse, kirchliche oder politische Fragen.« Musst Du dann aber auch tun. Entweder könnt ihr euch dann über allerlei anderes unterhalten oder Du gehst. Die beiden Punkte müssen aber Vorbedingung sein. Sonst ist's wirklich sinnlos. Für den Fall, dass sie es zugeben, musst Du ein bestimmtes Ziel für das Gespräch (im Kopf) haben. Mir scheint da der notwendige eine Grundgedanke zu sein: dass Du mitsamt der christlichen Botschaft und der christlichen Kirche glaubst, dass der eine allmächtige Gott sich abschließend ephapax (griechische Buchstaben) in seinem Sohn Jesus Christus offenbart hat, und dass unser Zugang zu Gott – zumal bei uns auf Christus Getauften! – nur über Christus gehen kann, und dass: Wo wir von Gott reden unter Absehung von Christus wir dort Gott lästern. Um diesen Gedanken scheint es mir zu gehen: Von Gott ist nur zu reden, wenn man gleichzeitig Christus sagt als den Sünderheiland. Und das geschieht eben in der Predigt der Kirche (aus der der Glaube kommt; Römer 10,17) und nicht in politischen Lagern und Reden. Dort ist von dem Pseudogott, dem Abgott, dem Götzen-

---

[203] Der Brief besteht aus einem beidseitig beschriebenen DIN A4-Bogen.

bild, dem goldenen Kalb die Rede, dem Gott der Heiden. – Um diesen Punkt müsst ihr reden.[204] –

[…] Warum wollte Dich Moritz verhauen? Hält sie Edith für ein[en] Spitzel oder was heißt »nicht anständig«? Steht Dir denn Moritz in diesen Dingen gegen Körbchen=Edith bei? Macht Moritz die Diffamierungen der BK, von denen Körbchen voll war, nicht mit?

Jetzt muss ich unterbrechen. Volksmissionsbesprechung.

[Am Rande handschriftlich ein Gruß von Karl Ferdinand Müller: Herzlichen Gruß! Bin zufällig auf der Durchreise hier. Anlass zur Sorge um Winfrid besteht nicht! Dass Sie Ihr Examen so gut machen würden, habe ich Ihnen ja bereits in Marburg auf dem Bahnhof gesagt. Herzlichen Glückwunsch. Die Zukunft ist dunkel, aber das Herz fröhlich.]

72

Finkenwalde am 4. Juli 1937[205]

Ja, es kann natürlich auf der Volksmission schief gehen und einzelne oder alle festgesetzt werden oder die Sache als Anlass zur Schließung des Seminars genommen [werden]. Da nun ja auch die VKL zugesiegelt, der sehr ordentliche Pfarrer, der dort jetzt die Geschäfte führte, [Hans] Dühring, verhaftet ist, rechnen wir, dass man aufs Ganze gehen will und die anderen und provinziellen Stellen der BK auch zumacht. Übrigens ist gestern der gute [Erwin] Schlagowski mitsamt seinem Vikar verhaftet. Er war ja jung verheiratet in der Schlawer Gegend. Dass Du das Paket nicht selbst geöffnet und sogar den Briefschluss nicht gelesen, finde ich in der Tat ganz unerwartet heroisch. Das hat meine ganze Anerkennung!

[…] Dass eine BK keine »Engelanstalt« – was für eine ulkige Vorstellung! Wie käme es dazu? Dass man über mich gemeckert [hat], liegt auch nahe: Einmal von wegen der Natur; man meckert immer und überall über mich, d. h. die einen sind gegen, die anderen für;

---

204 Bonhoeffer: DBW 14, II/27., 786–819.
205 Der Brief besteht aus einem beidseitig beschriebenen DIN A4-Bogen.

unsere Art ist eben etwas kantig. Dazu kommt, dass ich durch meine Arbeit auf der Pölitzer eine Pastoral- und Sachkenntnis habe, die den anderen abgeht (ganz ohne mein Verdienst oder ihre Schuld natürlich), und so sehen sie das alles als »Angeben« an.

Pagenkopf ist der 2. Pastor an [Heinrich] Rendtorffs Gemeinde (3. [Martin] Franke; 4. Gerhard [Jacobi] z. Zt.) und war von Rendtorff für den Fall seiner Verhaftung mit der Führung des Bruderrates beauftragt, weil alle Stettiner Mitglieder in Urlaub sind.

Morgen fahren wir nun los. Ich habe beschämender Weise ganz vergessen zu schreiben, wo ich stecke: Kagendorf über Anklam, Pfarrhaus. Es wird eine anstrengende Arbeit und ich bin noch durchaus nicht gut genug vorbereitet. Der Tagesplan, nachdem wir arbeiten werden, sieht so aus:

Andacht nach der Ordnung des gastgebenden Hauses/Frühstück/Meditationszeit/Besprechung des vorigen Abends/Hausbesuche, etwa ab 10 bis 13.00 Uhr/Mittag/Ruhepause oder Jugendstunden/nachmittags Kaffee bis 15.30 Uhr/Hausbesuche von 16 bis 17.00 Uhr/Vorbereitung auf den Abend, unbedingt einzuhalten: 17 bis 19.00 Uhr/19.00 Uhr Abendbrot/19.30 Uhr bis 20 Stille Zeit/20.00 Uhr Gottesdienst/Abendandacht. – Du siehst, dass der Tag rasend ausgefüllt ist, und dass man in den anderthalb Stunden Mittagspause die Hausbesuche verdauen muss und vor Müdigkeit schlafen wird ...[206]

Übrigens bei [Martin] Niemöllers Verhaftung haben sie noch 30.000 Mark BK Gelder gefunden und »sichergestellt«, ebenso einige ihm aus der Gemeinde geschenkten Wertgegenstände. 15 Leute waren zur Hausdurchsuchung nötig. –[207]

---

206 Vgl. Bonhoeffer: DBW 14, 1069.
207 Vgl. Bethge: Dietrich Bonhoeffer, 655.

73

Stettin, 5. Juli 1937[208]

In geradezu lähmender Hitze sind wir gestartet. Ich stehe mit aufgekrempelten Hemdsärmeln auf der Bahnpost und entbiete Dir meinen Gruß. Dass Du doch heute schon fertig geworden wärest! Für Post Nachsendung oder im periculo [Gefahren] Fall Deine Benachrichtigung ist – soweit möglich – gesorgt. Wir alle sehnen den 15. Juli herbei, wenn, wenn es doch erst so weit wäre. Dem Chef habe ich gesagt, dass Du kämest. Er war sehr erfreut und begrüßte es lebhaft.

74

Kagendorf am 6. Juli 1937[209]

Die Herfahrt ging glatt. [Kurt] Minnich und [Otto] Janikowski mit dem Rad schon hier, als wir gestern gegen Abend in Ducherow eintrafen und dort von unserem Pastor abgeholt wurden im kleinen Opel.

Hergefahren und schnell gegessen und dann gleich zu einem kleineren Kreise losgeredet. Acht Männer und eine Frau waren ins Pfarrhaus gekommen zu einer Art Vorbesprechung. Solche Volksmission ist ja nur dann einigermaßen durchführbar, wenn sie von einem Kreis, und sei es von einem noch so kleinen Kreis von Gemeindemitgliedern, getragen wird im Gebet. Denn es geht hier bei der Volksmission einfach und biblisch gesagt, um einen Angriff auf den Teufel. Als ich denen das gestern Abend in halbstündiger Rede auseinandersetzte, und wie wir zu arbeiten gedächten, – was sie da wohl gedacht haben, weiß ich nicht, aber Karl-Heinz [Corbach] meinte hinterher: Sie hätten es mitbekommen.

---

208 Beidseitig beschriebene Postkarte.
209 Der Brief besteht aus einem beidseitig beschriebenen DIN A4-Bogen.

Wir beide sind auf einem großen Doppelhof, ein Gut schon (1000 Morgen) untergebracht. Typische Vorpommern: Religiös wollen wir bleiben, aber sonst ist alles egal. Das sind noch die besten! Freilich geschimpft wird auf den Pastor! Aus tausenderlei Gründen. Wegen Pachtsachen und weil er nicht zum Kriegervereinsfest geht und nicht mal auch nur einmal mittanzt, – warum sollen wir zu ihm zum Missionsfest gehen? Aber durch alle Besuche, – heute Vormittag bis 1.30 Uhr habe ich elf gemacht mit mehr oder weniger längeren Gesprächen – überall wurde geklagt: Er macht keine Hausbesuche. »Die Frau Pastor ist wohl auch nicht so dafür«. Dabei haben sie nichts Großes wider ihn. Halten – soweit sie das überhaupt verstehen – es auch für richtig, dass er zur BK steht. Aber kommt ja nicht. Dabei kann man dies kleine Dorf bequem in 3–4 Vormittagen hindurch besuchen. Und die ganze Gemeinde mit den Außendörfern ist so, dass er mindestens alle vier Wochen herum sein kann bei jedem.

Ich muss mir später in der Gemeinde von Anfang an bestimmte, örtlich günstige Stunden (das wird lokal bedingt sein) festsetzen, die ich mir normalerweise zu Hausbesuchen freihalte. Es ist ja so ungemein wichtig, diese persönliche Fühlungname. Freilich glaube ich nicht, dass das dürre vorpommersche Land davon kirchlich lebendig würde. Aber man darf diese Arbeit nicht liegen lassen.

Ich bin gespannt, wie viele nun heute Abend in der Kirche sind. [Karl-Heinz] Corbach hat mit mir hier heute Besuche gemacht, die beiden anderen schon in einem Außendorf. Morgen werden wir alle vier nach auswärts gehen.

75

Finkenwalde am 10. Juli 1937[210]

Glatt gelandet, nachdem der Landjäger nach dem letzten Gottesdienst unsere Namen und die Reihenfolge unserer Ansprachen an

---

210 Der Brief besteht aus einem beidseitig beschriebenen DIN A4-Bogen.

jedem einzelnen Abend noch notiert hat, kommt jetzt der Sonntagsgruß wieder von hier.

[...] Natürlich weiß man, wo [Gerhard] Jacobi steckt. Ist nie verschwunden gewesen. Sein Vikar (Generalssohn und alter Finkenwalder) ist verhaftet. – Achte darauf, ob am Sonntag bei euch was verlesen wird! Es ist in Kassel ein Wort von den Landeskirchenführern, der VKL, dem lutherischen Rat, – allen zusammen beschlossen. Mäßig, aber eben für alle. Und der lutherische Rat hat seinen Kirchen die Fürbitte empfohlen. Ich würde an Deiner Stelle glatt bei [Hans] von Soden mal fragen!

[Martin] Niemöller soll es besser gehen. In den ersten Tagen weder Bibel noch Schreibsachen. Jetzt jedenfalls Bibel. Prozess soll bald losgehen. Aber andere einschneidende Gesetze werden erwartet. –

76

Finkenwalde am 11. Juli 1937[211]

Jetzt ist nach den Wochen der Verzagtheit und Erregtheit ein wenig Ruhe über uns gekommen. Die Volksmission hatte doch sowohl in der Vorbereitung als auch nachher selber enorm viel Kraft beansprucht. Nun haben wir nur den einen großen Wunsch, man möge uns bis Freitag in Ruhe lassen.

[....] Den Abschied von Moritz und den von der Uni als einen schmerzlichen [zu erfahren] – kann ich gut verstehen. Auch wenn ich nie sehr hoch von der Uni und den Professoren – bis auf wenige Ausnahmen – gedacht habe, so ist es doch ein einmaliger Einschnitt, das Fortgehen von der Uni; tiefer (will mir scheinen) als das Abi. Dass bei Dir manches anders liegt und dieses Fortgehen darum

---

211 Der Brief besteht aus einem beidseitig beschriebenen DIN A4-Bogen und zwei gedruckten Anlagen: einem Artikel aus der SS-Zeitung »Das Schwarze Korps« vom 8. Juli 1937, »Bekenntnis zum Volksverrat« überschrieben; ein gegen drei Berliner B. K.-Studierende und Niemöller hetzender Artikel. – Und ein Flugblatt des Predigerseminars Finkenwalde zur Ankündigung der Volksmissionsgottesdienste (»In der Gewalt Jesu Christi«).

besonders einschneidend, ja wendend ist, weiß ich wohl. Denn Du gibst ja mit der Uni ungleich mehr ab als etwa ich. Dein Leben wird nun eine andere Ausrichtung, oder besser: Dein Schaffen wird eine andere Ausrichtung erhalten. Es gehört das wohl zum Wesen eines Frauenlebens, dass sie aufgibt und neu anfängt, wenn der Mann in dieses Leben getreten ist und bei Euch, die Ihr studiert habt und heiratet, wird das wohl nie so klar und eindeutig als dann, wenn Ihr von der Uni geht. Ich will nur sagen, dass ich davon mitweiß: Welche Veränderung sich jetzt in Deinem Leben vollzieht, Du.

[...] Dass Du und wie am Vorsonntag den Kindern von der Not der Kirche erzählt hast, [hat] mich ganz froh gemacht. Wenn es den Großen schon nicht gesagt wird, tragen es die Kleinen nun mit nach Hause. Und die Antwort, dass wir nur beten können, finde ich ganz erstaunlich. Treue, Liebste. Der Optimismus von Moritz, man werde Niemöller freilassen, ist goldig. Beiliegendes aus dem »Schwarzen Korps« vom 8.7. –

[...] Schrieb ich, dass dem alten Bauern und der jungen Frau die Tränen kamen, als wir wegfuhren? Gesamtkollekte der vier Abende: 51,15 M. Aus allen sechs Gemeinden Gesamtkollekte: ca. 370 M. Über Erwarten gut!

77

Finkenwalde am 12. Juli 1937
(wohl der letzte Brief nach Marburg)[212]

Also hurra, wir haben Ferien bis zum 1. August. D. h. wir müssen am Montag, den 2. August, bis Arbeitsbeginn (gleich 9.30 Uhr) hier sein. Die Verlobten sind zumeist überglücklich. Ich überlege, ob wir dann doch ruhig über Sonntag (18. Juli) zu Hause bleiben und erst Montag ans Wasser abzischen, denn dann können wir immer noch nach Geld da bleiben, sprich 8–10 Tage. Es eilt dann ja nicht. Was meinst Du? Vielleicht freuen sich Vati [Bruno Krause] und Mutti

---

212 Der Brief besteht aus einem beidseitig beschriebenen DIN A4-Bogen. – Vgl. Dietrich Bonhoeffers Predigt vom 11.7.1937 zu Ps 58 in Finkenwalde. In: DBW 14, 980–988. Die Predigt wird in den Briefen nicht erwähnt.

[Sigrid Krause] dann. Übrigens – oder schrieb ich es? – haben die in Spantekow mit den Volksmissionskursen ([Rudolf] Hensel, [Otto] Dudzus, [Alfred] Schröder, [Giesbert] Kleinschmidt) vom Heiraten gesprochen, und Vati hat die drei ersten – verlobt – dazu bewegen wollen, dass sie mir klarmachen sollten: Nach zweiten Examen könnt ihr noch nicht heiraten von wegen nicht gesicherte Position und wer zahlt den Möbeltransport etc. etc., lauter Dinge, auf die ich wahrscheinlich bis an mein Lebensende warten kann. Und da haben alle drei für mich – bzw. für sich selber! – gegen Vater gesprochen. Vater ist nämlich noch gar nicht so unbedingt dafür, dass wir nach dem zweiten Examen heiraten. Mutti eher. Na, wir werden ja davon reden. Sodann: Am Donnerstag haben wir hier eine Schlussfeier mit Abendmahl. Ich habe mit dem Chef gesprochen: Wenn Du willst, bestehen seinerseits nicht die geringsten Schwierigkeiten, dass Du mit mir zusammen am Abendmahl teilnimmst. Er hat es gestern Abend erst gesagt, dass Abendmahl ist. Bist Du unglücklich? Du brauchst natürlich nicht, aber wäre es nicht sehr fein? Mein Zimmerkumpan [Gerhard Kuhrmann] [ist], nachdem er Grüße an dich hinterlassen hat und mir verheimlicht, dass er heute Geburtstag [hat], heute früh schon abgefahren wegen überangestrengter Nerven. So bin ich allein und das passt ja herrlich. Wir sind dann a.) ungestört den Abend b.) können packen, wann es uns gefällt.

78

Finkenwalde am 2. August 1937[213]

Die erste Stunde hatte Fritz [Onnasch] langweilig AT gegeben. Bonhoeffer hielt eine ganz große Stunde über Seelsorge, deren Grundgedanken ich Dir in den nächsten Tagen, vielleicht nach der nächsten Stunde erst, kurz wiedergeben will. Danach fuhr er, Bonhoeffer, zur Sitzung ab. Wo Vati war. Der wird euch auch alles Nähere über [die] Lage erzählen, dass [Fritz] Mueller-Dahlem und [Wilhelm] Nie-

---

213 Der Brief besteht aus einem beidseitig beschriebenen DIN A4-Bogen. Es ist der erste Brief nach dem gemeinsamen Urlaub von Winfrid Krause und Friedegard Vilmar.

sel und andere verhaftet sind. Die beiden wegen der Abkündigung nach [Martin] Niemöllers Verhaftung. Man könne einen »anonymen Bruderrat« in Preußen nicht dulden. Von Wilhelm Niemöllers Verhaftung weiß niemand hier, auch nicht von der Geschichte mit der Regina.[214] Wie weit beides also stimmt, bleibt abzuwarten.

79

Finkenwalde am 5. August 1937[215]

Und wenn ich auch über Gerhard [Krause] in ziemlicher Unruhe bin – ich will in einer Dreiviertelstunde nach Stettin fahren und sehen, zu ihm zu kommen, um ihm das Notdürftige an Waschsachen und Bibel zu bringen, ihn auch die Vollmacht für den Rechtsanwalt unterschreiben zu lassen – so will ich doch einiges zu Deinen Kümmernissen schreiben. Ob und was [Hans] Asmussen unterschrieben haben soll, weiß ich nicht. Will mal fragen. Ich bin jedenfalls mit Frau [Stephanie] von M.[ackensen] mir darin einig, dass wir alle falsch erzogen sind, wenn wir uns wegen acht Tagen Untersuchungshaft – wohlgemerkt: In einem normalen Gefängnis – schon Märtyrerkronen ums Haupt hängen und meinen, wer weiß was geleistet zu haben. Es werden noch ganz andere Dinge über uns kommen und wahrscheinlich dann und dort, wo sie niemand erwartet.

[...] Eben an die Eltern geschrieben über meinen Besuch bei Gerhard [Krause] im Polizeigefängnis. Sie [die Nachricht] wird ja wohl vorgelesen, sonst erbitte sie dir. Vielleicht kann sie im Brief gleich an Bruno [Krause] weitergeschickt werden. Er machte einen sehr ernsten Eindruck. Fritz [Onnasch] sagte vorher schon nicht unrichtig:

---

214 Frau Prof. Dr. Elisa Klapheck teilte mir auf meine Frage (18.12.2023) Folgendes mit: »Ein Kontakt von Rabbinerin Regina Jonas zur Bekennenden Kirche wäre mir völlig neu. Ich kann es mir eigentlich nicht vorstellen. In ihrem Nachlass gibt es keinen Hinweis hierzu.«Vgl. auch Klapheck, E. (Hg.) (2019): Regina Jonas. Die weltweit erste Rabbinerin (2. überarbeitete Aufl., Jüdische Miniaturen 4). Berlin.
215 Der Brief besteht aus zwei DIN A4-Bögen. Der zweite auf einer Seite beschriebene Bogen wurde im Café Diner & Prüfer in Stettin geschrieben.

Gerhard kann wahrscheinlich alle diese Dinge nicht mit dem leichten Humor nehmen, der manches überbrücken und nicht so schwer machen würde, was so ein Aufenthalt an kleinen und großen Demütigungen mit sich bringt. Dass er Papier und Bleistift [be]kommt, wird ihm die Zeit hoffentlich nützlich verkürzen. Ich möchte fast daraus schließen, dass es länger dauert, und hoffentlich kommt er nicht in eine Haftstufe tiefer; Du verstehst?! Der eine Beamte betonte auf meine Frage: Ob er sich in Schutzhaft befände oder ob ein richterlicher Haftbefehl vorläge. »Nein, es liegt kein Haftbefehl vor, er ist nur in Schutzhaft, nur in Schutzhaft.«[216] Darunter kann man sich ja Allerlei denken.

[...] Wir meditieren jetzt Psalm 137 mit dem schweren Vers 9.[217]

80

Finkenwalde am 6. August 1937[218]

[Heinrich] Rendtorff hatte mir gesagt, dass er euch über die Dinge der Verhaftung über Schwerin Mitteilung gemacht habe. Ich sah also keine Veranlassung, das noch mal zu schreiben. (Zum Vorlesen:) Zu Donnerstag früh um 8.00 Uhr war Gerhard [Krause] bestellt. Man verlangte von ihm, die Namen der Eltern aller an der Freizeit teilgenommen habenden Jungens. Er sagte: Er habe das im Auftrag der Wartburggemeinde getan und könne daher keine Aussagen machen. Man schickte ihn dann zu [Heinrich] Rendtorff, er solle sich die Erlaubnis geben lassen. Darauf fuhren Rendtorff und er wieder hin und Rendtorff sagte, dass Gerhard nur im Auftrage der Gemeinde gehandelt habe, dass er, Rendtorff, selbst der Verantwortliche sei,

---

216 Die von Seiten der Polizei bzw. der Geheimen Staatspolizei verfügte Schutzhaft diente in der NS-Zeit nicht dem persönlichen Schutz des Inhaftierten. Sie diente der politischen Verfolgung und entzog die richterliche Nachprüfbarkeit. Sie diente als Grundlage der Haft in Konzentrationslagern.
217 (Psalm 137, Klage der Gefangenen zu Babel): 8 Tochter Babel, Du Verwüsterin, wohl dem, der dir vergilt, was Du uns angetan hast! / 9 Wohl dem, der deine jungen Kinder nimmt und sie am Felsen zerschmettert!
218 Der Brief besteht aus zwei beidseitig beschriebenen DIN A4-Bögen.

und dass man sich in allem an ihn bitte wenden möge, Gerhard sei lediglich ausführende Person. Dann ist R.[endtorff] wieder fortgegangen und Gerhard weiter verhört. Um zwölf etwa hat man ihn dann in Haft genommen und bald danach zu R.[endtorff] telefoniert (Pagenkopf hat es angenommen), dass Gerhard inhaftiert sei und dass R.[endtorff] die Angehörigen benachrichtigen möchte, worauf mich R.[endtorff] auch angerufen hat. Soweit wollte R.[endtorff] es euch durchsagen. – Gerhard [Krause] scheint sich beim Verhör sehr obstinat angestellt zu haben, denn die Beamten monierten zum Teil sein Verhalten. Freilich kann das natürlich auch Vorwand sein. Mir gegenüber äußerten sie als Belastung für Gerhard, dass Gerhard einmal das Lager nicht angemeldet hat, und dass er außerdem auch den Jungens gegenüber den Ort bis zuletzt geheim gehalten hat. Mit einem richterlichen Haftbefehl ist (wie sich mir die Sache ansieht) vorerst nicht zu rechnen. Übrigens ist die Sache nach Berlin zur Bearbeitung gegeben und dort liegt die letzte Entscheidung.

81

Finkenwalde am 8. August 1937[219]

Die ökumenische Kommission von Oxford wird wahrscheinlich jetzt (oder überhaupt?) nicht kommen, weil die VKL es im gegenwärtigen Augenblick für nicht geeignet hält. – Ich verstehe diesen Beschluss zwar nicht ganz.

Heute ist um 18.00 Uhr ein großer Bittgottesdienst für [Martin] Niemöller in Dahlem, zu dem auch vier Brüder von uns gefahren sind. Alle Pastoren dort im Talar, wahrscheinlich einige 100. Präses [Karl] Koch sollte gebeten werden, es war aber noch nicht klar.

Nach der gestern Abend zusammengestellten Liste sind 68 im Gefängnis. Auch [Dr. Wilhelm] Harnisch – Berlin, den die Eltern von einer Visitation kennen. Gerhard [Krause] ist auf dieser Liste, ich glaube, der siebtletzte. Jeder fünfte BK Pfarrer der Grenzmark sitzt! Von den 68 sind 18 oder 19 junge Theologen.

---

219 Der Brief besteht aus zwei jeweils beidseitig beschriebenen DIN A4-Bögen.

Man hört neuerdings das Gerücht, es solle im Oktober, wenn wir ganz lahmgelegt seien, die Wahlen kommen. Man darf aber solchen Gerüchten nicht zu viel Glauben schenken.

[...] Ich denke viel zu Gerhard [Krause] und denke mit ihm, was er sich alles für Sorgen und Möglichkeiten machen wird. Und doch können wir ja nichts anderes als beten und wiederum doch auch dafür dankbar und froh sein – und das sage doch auch den Eltern nochmal oder lies es ihnen vor –, dass Gerhard [Krause], unser Bruder und Sohn, gewürdigt ist, für die Ehre des Herrn der Kirche eine öffentliche Schmach zu leiden. Dass er dessen gewürdigt ist, trotz all unserer [mangelnden?] Standhaftigkeit und trotz unseres Unfriedens miteinander und trotz der Lieblosigkeit, die wir so oft zueinander haben, dass doch der Herr etwas von uns will, wenn er es so gefügt hat, und dass wir dafür mit Paulus froh sein wollen und Gerhard selber und was mit ihm wird in die Hände dessen legen, der uns dieses geschickt hat. –[220]

82

Finkenwalde am 9. August 1937[221]

Dass Gerhard [Krause] frei ist, freut uns alle natürlich sehr, und ich will ihn bearbeiten, acht Tage Urlaub zu machen. Aber genau wie Vater hält er sich für unabkömmlich. Die Gestapo rief mich heute Morgen an und sagte: Ich bräuchte ihn heute nicht zu besuchen, seine Freilassung sei eben verfügt. Alles Nähere wird er euch erzählen. Bald mehr.

---

220 Hans Walter Krumwiede berichtet davon, dass im Jahre 1937 insgesamt 805 Glieder der B. K. verhaftet wurden. In: ders., Geschichte des Christentums III, 1977, 235.
221 Die Nachricht besteht aus einer einseitig beschriebenen Ansichtskarte (»Sommerwolken«).

83

Finkenwalde am 10. August 1937[222]

Der [Martin]Niemöller-Prozess ist ganz plötzlich verschoben [worden]. Ob unter dem Eindruck des [Otto] Dibelius-Urteils, weiß niemand. Oder ob es einen anderen Richter geben soll, weiß auch niemand.

Am Sonntag ist in Dahlem etwas passiert, wie es Berlin seit '33 wohl nicht erlebt und es nur die kirchlichen Demonstrationen in Franken und Bayern '34 zur Parallele hat. Der Bittgottesdienst (siehe Abbildung 3 auf S. 138) für [Martin] Niemöller am Sonntag war verboten. Die (gesamte?!) Dahlemer und Steglitzer Polizei hatte ab 16.00 Uhr (um 18.00 Uhr sollte der Gottesdienst sein) die Jesus Christus Kirche abgesperrt. Doch sammelte sich eine riesige Gemeinde, die Choräle sang; dann von der Polizei (»Weitergehen, weitergehen!«) in die Thielallee geschoben wurde. Immer wachsend. Schließlich teilte die Polizei die Menge. Dann »Vater unser« und Glaubensbekenntnis der einzelnen großen Haufen und immer wieder Gesang. Plötzlich waren beide Haufen etwa am Dahlemer Gemeindehaus zusammen. Viel Gestapo, ein Polizeimajor leitete die Aktion. Die Polizei völlig nervös, hilflos, aufgeregt, die Menge sehr ruhig. Allmählich begannen die Verhaftungen. Götz Grosch, [Wilhelm] Jannaschs Sohn, immer mehr, etwa 250 insgesamt.[223] Die grüne Minna fuhr immer so etwa 30 Leute zusammen ab. Als ein Stapomann einen Mann verhaften will, kommt dessen Frau drüber zu und langt ihm [eine] schallende Ohrfeigen, darauf ein uniformierter Polizist zur Hilfe [kommt] und darauf wahrscheinlich noch mal Ohrfeigen. Jedenfalls rollte plötzlich ein Tschako über den Platz. Dann wird der Major von einem aufgebrachten Stapoman angefahren über seine wahnwitzige Torheit, an einem der verkehrsreichsten Punkte Vorberlins einer solchen Aktion von 2000–3000 Menschen nicht Herr zu werden. Das Publikum, durchweg Kirchgänger, nach Aussehen und Haltung, war

---

222 Der Brief besteht aus zwei jeweils beidseitig beschriebenen A4-Bögen.
223 Vgl. Bethge: Dietrich Bonhoeffer, 126 f. und Bonhoeffer: DBW 8, 136.

ruhig und bemüht, sich ja nichts zu Schulden kommen zu lassen, außer dieser Frau und einem sich etwas vordrängenden jüdischen Pfarrer [Ernst] Gordon.²²⁴ Leider. Dann war ein Bittgottesdienst in Steglitz, liturgisch. Eine ganz aufregende Sache. Unsere Brüder, die sie miterlebt haben, waren ergriffen von diesem einen Willen: Wir wollen Gottesdienst haben. Gestern Mittag waren 50, deren Namen man nicht weiß, noch nicht frei. Doch etwas Gewaltiges.

Die Verschiebung des Prozesses kann etwas Schlimmes bedeuten, und man weiß nicht, ob sich andere Kreise dazwischen schieben. Es kann natürlich auch nur bedeuten, dass man mit den Akten noch nicht durch ist.

Jetzt gehen wir nachher wieder nach Podejuch zu den Konfirmanden. Nächsten Dienstag bin ich dran. Einmal wollen wir in dieser Woche, wenn das Wetter danach ist, noch zusammen ans Meer.

Ja, Psalm 137,9 ist sehr schwer. Ich sprach mit Bonhoeffer heute darüber. Die Reformatoren haben den Vers allegorisch gedeutet. Der Stein sei der Eckstein Christus, d. h. dass auch diese eigentlich zerschmetterten Kinder in Christus selig werden sollen. – Wir müssen wohl bedenken, dass hier nicht von persönlicher Rache des Sängers die Rede ist. Er will sich nicht rächen, sondern es wird einer (»Wohl dem, der ...«) kommen, der die Rache für das Volk Gottes an seinen Bedrängern, Babel, vornimmt. Der das Volk Gottes rächen wird, aber

---

224 Zur Biographie von Ernst Gordon vgl. Bonhoeffer: DBW 14, 81f. (Fußnote 1): Ihm war wegen seiner »nichtarischen Herkunft« im Juli 1934 die Ordination verweigert worden. Erst nach Konstituierung der BK aufgrund der Beschlüsse der Dahlemer Bekenntnissynode vom 20.10.1934, und zwar bereits am 9.12.1934, konnte der Bruderrat der Bekenntnissynode der Kirchenprovinz Brandenburg ihn ordinieren lassen (in der Kaiser-Wilhelm-Gedächtniskirche zu Berlin durch Gerhard Jacobi unter Assistenz von Martin Albertz), mit Sicherheit als einen der ersten der von der BK ordinierten »Illegalen«. Er war bereits im November 1933 Mitglied im Pfarrernotbund gewesen. Bis zum Sommer 1937 wurde er wegen seiner jüdischen Abstammung aus vier Gemeinden vertrieben. Im November 1937 emigrierte er in die Schweiz, von dort 1939 nach England. 1940 wurde er nach Übertritt zur Anglikanischen Kirche zum Priester ordiniert und 1977 pensioniert (nach DBW 14, 1170f.). Im Kirchlichen Archivzentrum in Berlin liegt seine zwei Bände umfassende Personalakte zu den Jahren 1931–1938 (ELAB15/2129), die von mir nicht eingesehen wurde.

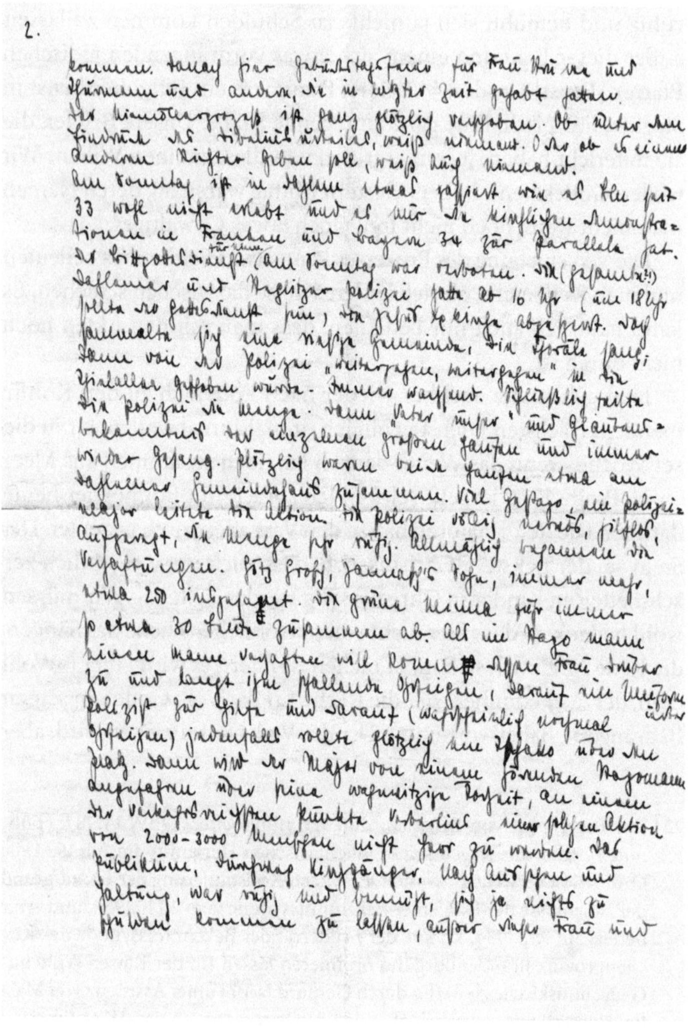

Abb. 3: Zweite Seite des Briefes von Winfrid Krause vom 10. August 1937, in dem der in Berlin-Dahlem entstandene öffentliche kirchliche Protest gegen das staatspolizeiliche Verbot des für den verhafteten Martin Niemöller angekündigten Bittgottesdienstes aus eigenem Erleben geschildet wird.

das sind nicht wir. So macht dieser Vers aufs Neue ganz hell: »Mein ist die Rache, spricht der Herr«. Dass die Verfolger des Gottesvolkes, der Kirche, nicht ungestraft ausgehen, das sagt die Bibel. Aber nicht wir werden uns rächen, sondern einer wird kommen, der Herr, der es tun wird. – Dürfen wir über unsere Bedränger so sprechen? Wohl schwerlich oder nur mit reinem Herzen. Nur dann könnte man es, wenn es wirklich gemeint ist als die Rache an den Verfolgern der Kirche. Wer aber kann das von uns sagen? Meinen wir nicht immer noch eine Menge anderer Dinge? Wollen wir uns nicht immer selber rächen? –

84

Finkenwalde am 11. August 1937[225]

Nein, so geht es nicht: Erst Christ und dann Deutscher, diese Meinung hab ich übrigens schon öfter von Frauen gehört. Es scheint mir hier eine Verwechslung vorzuliegen mit dem zu Zeiten Gegebenen: Gott mehr gehorchen als den Menschen.[226] Was ich zuerst bin, kann man faktisch nicht aussagen, aber was man zuerst tun muss, das kann man sagen. Und da kann es sein, dass ich ein guter Deutscher bleiben [kann] (wie die Salzburger), und doch wie Abraham Gott gehorchen und aus meinem Vaterland gehen[227], oder dieses oder jenes im Gehorsam gegen Gott in meiner Freundschaft tue. [...]

Was [habe] ich denn nun schon wieder getan, dass Du eine adhortatio [Ermahnung] an mich richtest, die Leute nicht mit Bibelstellen totzuschlagen. Was und wo? Ich weiß gar nicht, worauf das geht. Bitte schreibe das. Wenn ich auch nicht weiß, wo ich nun Gottes Wort zwanglos wie einen Ball gehandhabt habe, – es kann ja auch nicht so sein, dass die Christen das, wovon sie leben, nicht aufgeben dürften, wenn sie ihre Speise zum Tabu machen. Dass man mit der Speise keinen totschlagen soll, das ist schon richtig.

---

225 Der Brief besteht aus einem beidseitig beschriebenen DIN A4-Bogen.
226 Apg 5,29.
227 Gen 12,1.

85

Finkenwalde am 12. August 1937[228]

Ach übrigens: Schreibe mir sofort bitte Irmis Anschrift.[229] [Karl] Immer ist beim Verhör vor der Gestapo [nicht lesbar: ganz?] schwer zusammengebrochen und sofort ins Martin Luther Krankenhaus gebracht. Sonst ist »oben« ziemliches Durcheinander. Kollektenfrage wird wahrscheinlich auf dem Wege des Strafbefehls (nicht Gefängnis) zu regeln versucht – fürs nächste. Eine Reihe anderer Dinge sind zu gewärtigen. [Martin] Niemöller geht es nach Umständen gut. Etwa 65 in Haft, dazu noch 27 vom Sonntag in Dahlem. –

86

Finkenwalde am 13. August 1937[230]
(auf der Fahrt: Swinemünde-Stettin bei heftigem Winde)

Es war ein schöner Tag, und ich bin doch wieder ausgesöhnt und froh, dass ich mich überreden ließ, mitzufahren. Zweimal gebadet zwischen Osternothafen und Swinemünde, dazwischen gedöst, geschlafen und Messerstechen gespielt, – alles bei herrlichem Sonnenschein und immer kräftiger werdender Brise. Jetzt sitze ich auf dem Bug – Vorschiff!
[...] Jetzt haben wir das Haff verlassen und ich sitze am Heck im Windschutz bei Beleuchtung einer matt brennenden elektrischen Birne. Mit den kleinen Bismarckbriefen bin ich fertig. Jeden Abend vor dem Einschlafen ein paar Briefe – das einzige, was ich an nicht theologischer Literatur zu mir nehme. Aber diese Briefe sind ein ganz köstlicher Schatz großer Menschlichkeit und tiefer Lebensweisheiten.

---

228 Die Nachricht besteht aus einer beidseitig beschriebenen Postkarte (nach Spantekow).
229 Stud. med. Irmingard Vilmar ist eine der beiden älteren Schwestern von Friedegard Vilmar.
230 Der Brief besteht aus einem beidseitig mit Bleistift beschriebenen DIN A4-Blatt.

Wie habe ich gelacht, wie er da von dem Reisen mit Wiegen, Ammen, Windeln und Gequäke schreibt, – im nächsten Jahr vielleicht mit dreien! Nur lese ich mit ebensolcher Freude in den Brautbriefen – wenig genug Minuten sind es ja am Tag! Wie lieb schreibt er nach der Geburt seiner ältesten Tochter: Selbst wenn es eine Katze gewesen wäre, würde er Gott danken, wenn's überstanden. Übrigens schließe ich aus den Briefen, dass er dabei gewesen ist. Hast Du es auch so verstanden? – Früher hab ich fast keine Briefe lesen können, aber durch [Rainer Maria] Rilkes und diese Briefe habe ich rechten Geschmack daran gefunden.[231]

87

Finkenwalde am 14. August 1937[232]

Ja, [Otto] Dibelius muss ganz groß gewesen sein in der Art seiner Rede. Und eben dieser Ausgang hat ja schon seine Folgen gehabt und man ist durchaus gewärtig, dass weitere eintreten. Die Vernehmung ist unter Ausschluss der Öffentlichkeit, also auch ohne irgendeine Presse, gewesen. Das große Stopp, von dem Du auch schreibst, wird ja am Ende doch nur wieder eine Maßnahme gegen die BK zur Folge haben, ist aber jetzt eine Luftpause.

Ja, das soll man sich überlegen: »Was will die BK«. Und Rendtorffs »Platte« ist sehr gefährlich, wenn auch sehr eindrucksvoll. Es geht auf die Dauer, glaube ich, nicht mit ihr, und ich kann mir denken, in welche Richtung Gerhard [Krause] Kritik geübt hat.

Was Du über Land- und Stadtjungens schreibst, findet meine Zustimmung.

Ja, im Herbst würde ich gern in ein Lager gehen, wenn es nicht mit unseren Bruderschaftstagen zusammen fällt, was man ja verhindern kann. Das [Buch] von [Ernst] Troeltsch über Preußentum ist wohl ganz richtig und darum heute ein Pseudopreußentum.[233] –

---

231 Herbert von Bismarck (Hg.): Briefe an seine Braut und Gattin – Otto von Bismarck. Cotta 1910.
232 Der Brief besteht aus einem beidseitig beschriebenen DIN A4-Bogen.
233 Ernst Troeltsch: Preußentum und Sozialismus. München 1919.

88

Finkenwalde am 15. August 1937[234]

Eben hatten wir Gottesdienst unter Bewachung des Landjägers, eines nicht Hiesigen, dem sein Geschäft furchtbar peinlich war. Die Leute können einem ja wirklich leidtun. Wir hatten gedacht, es ging um die Kollekte, aber er gab selber ganz brav seinen Obolus in die BK-Kollekte. [...]

Bist Du so erstaunt über die Tatsache, dass eine gute Theologin noch keinen guten Christen ausmacht? Wie sich doch auch [Freiherr Adolph] Knigge sehr schlecht benommen und W.[alter] Flex ein dolles Leben geführt haben sollen. Christa Müller hat eine gute Theologie – könnte man vielleicht sagen –, aber ob nicht ihr christliches Leben nur oder weithin Theologie ist, weiß ich nicht, fürchte es aber manchmal. Und es gibt doch unter den Pastoren viele mit schauderhaften Theologien, die aber reche Christen sind. Wir jungen Theologen stehen immer in der Gefahr, an der Theologie eines Theologen den Stand seines christlichen Lebens zu messen. Völger hat auch eine unmögliche (weil verpsychologisierte) Theologie, aber ich glaube: Er ist ein lebendiger Christ. Welche Gründe das hat, weiß ich nicht genau zu sagen. Vielleicht liegt es daran, dass zur Theologie nicht gehört, was das christliche Leben ausmacht: die Nachfolge. Damit hängt es jedenfalls mit zusammen. [...]

Das Traubüchlein hatten wir also im Fach »Kirchenordnung« gelesen und nun besprachen wir es gestern und davon will ich also erzählen. Du erinnerst dich daran, dass die Bekenntnisschriften die Ehe für ein äußerlich weltlich Ding halten, worüber die Obrigkeit entscheiden soll. Es ist nun die Ehe zwar ein weltlicher Stand, aber er hat Gottes Wort für sich und ist nicht von Menschen eingesetzt. Auch sprachen die Reformatoren von der »die Ehe bereits rechtswirksam begründenden Verlobung«, eine Ansicht, die ich ja ganz teile und für die einzig mögliche halte. – Die Ehe ist also, sagten wir, zur Erlösung nicht unbedingt nötig wie etwa Taufe und Abendmahl.

---

234 Der Brief besteht aus drei beidseitig beschriebenen Bögen.

Sie ist eine weltliche Ordnung. Darum ist auch die Ehe, die vor dem Standesbeamten geschlossen wird, eine vollgültig geschlossene Ehe. Es ist daher eine unmögliche Sitte (die aus einer Zeit stammt, wo es noch keine Zivilehen im Sinne der standesamtlich geschlossenen gab), dass in unserem kirchlichen Trauformular der Pastor die beiden zusammen spricht. Auch kann man die Braut nicht mit ihrem Mädchennamen ansprechen (bei der Zusammensprechung), sondern sie kommt ja als Frau X vor den Altar und man muss sie Frau nennen: »Willst Du diese Frau aus Gottes Hand …« Ganz abgesehen von dem »theatralischen Aufzug, der oft in der Kirche gemimt wird.« Wir müssen wieder lernen, sie anzusprechen, was sie sind. Nicht wir schließen vom Altar aus die Ehe, sondern sagen Gottes Wort und erbitten der Gemeinde Fürbitte über dieser begonnenen Ehe. – Der Ehestand ist bei Christen und Heiden derselbe, das Leben, das tägliche Miteinander wird nur verschieden sein. Es erhebt sich die Frage, ob es eine »christliche Ehe« gebe und man ist nicht geneigt, dies zu bejahen. Gibt es ein »christliches Handwerk«, »christliche Kunst«? Es gibt eine Ehe von Christen, aber der Ehestand ist nicht in diese Kategorie zu fassen (hier war ich nicht ganz einverstanden).

Wir sprachen dann von den Verlöbnissen, die als bindend, und denen, die nicht als bindend (die Bauern, um zu sehen, ob die Frauen Kinder bekommen) angesehen werden, und kommen auf den Geschlechtsverkehr zu sprechen. Bonhoeffer dazu: Wo ein Verlöbnis als bindend angesehen wird, ist der Geschlechtsverkehr eine Frage der Sitte und nicht verwerflich. Schwierig ist's nur dort, wo das Verlöbnis nicht als bindend angesehen wird (das war so ziemlich in einem Satze meine Meinung. Wobei die medizinische Seite unbeachtet oder unbeantwortet einstweilen gelassen war, weil es hier um die ethisch-moralische Frage ging). Das Gespräch geht dann weiter. Ist der Geschlechtsverkehr etwas an sich verbotenes? Kann man doch nicht sagen. Die Ehe wird geschlossen im Konsensus der beiden. Das Versprechen vor einem Dritten (Zeugen, Staat) ist nicht entscheidend für eine Ehe. Frage: Wenn also Geschlechtsverkehr erlaubt, muss dann nicht der Wille zum Kinde da sein? – [Karl-Heinz] Corbach: Wo der nicht da ist, da ist das Verlöbnis keine Ehe. – Bonhoeffer: So kann man es nicht sagen. Denn einmal würde man dadurch jede Geburtenkontrolle verbieten (mit welchen Mitteln sie auch sonst immer geschehe) und das geht nicht. Geburtenkontrolle ist doch keine Sünde. Und andererseits wird hier in der Ehe der Geschlechtsverkehr auch nicht nur dort geübt, wo man das Kind will, denn dann täte man es ja nur wenige Tage im Monat und Jahr. –

Aus der Schrift kann man keine eindeutige allgemeine Regel aufstellen oder ablesen: Wie die Ehe gehandhabt werden soll (nun, das muss Deinem besorgten Herzen ob unseres sturen Buchstabenglaubens doch wohl tun, Du), aber wie man sie dann führt, so soll sie ein jeder dann auch <u>vor der Schrift</u> führen und halten. – –

So ungefähr ging der Gedankengang unserer gestrigen Besprechung. Ich bin sehr gespannt, was Du dazu sagen wirst. Äußere dich genau. Wenn Du vorerst so viel anderes zu schreiben hast über neue Eindrücke, Menschen, die Ausstattung Deines Zimmers etc., dann stell dies ruhig einige Tage zurück, und nimm dann den Brief noch einmal vor und schreibe dazu. Ich möchte beinahe meinen, dass Du, aufs große Ganze gesehen, doch damit einverstanden bist. Sicher ist jedenfalls, dass die kirchliche Trauungspraxis, auf deren ganze Unmöglichkeit [Hans] Asmussen auch in der »Seelsorge« hingewiesen hat, geändert werden muss.

Bonhoeffer meinte auch auf meine Frage: An der Kranz- und Schleierfrage (auch eine Frage der Sitte!) sollte man die Kirchenzucht nicht aufbrechen lassen. Zumal in Gegenden, wo niemand etwas von Kirchenzucht weiß. –

Auf der Dampferfahrt hatte Bonhoeffer mit einigen von uns – nachdem ich den Brief an dich geschlossen hatte – ein tiefsinniges Gespräch über die uns bedrückende Frage: Wie es wohl kommt, dass wir an so einem Tage oder überhaupt, wenn wir an der See oder in herrlicher Naturlandschaft Tage verbringen, scheinbar des Evangeliums entraten können. Dass wir einen Tag oder länger am Strande leben können, ohne das Bedürfnis zu haben, die Bibel aufzuschlagen. (Wie es uns ja in Graal auch in erschreckender Weise gegangen ist). Woher kommt es, dass uns die Schönheit der Natur scheinbar so in Anspruch nimmt, dass wir Christus nicht mehr bedürfen? Ist irgendetwas in unserem Verhältnis zur Natur verkehrt? Sicher. Aber was? Meinen wir nur die ganze Schöpfung zu sehen und nicht die abgefallene? Wo steckt da das Verkehrte? Wir haben alle miteinander keine Antwort gefunden.

Damit zusammen hängt ein zweites: Wie kommt es, dass wir draußen in der schönen Natur so schlecht von Sünde, Gnade, Erlösung reden können? Es muss doch irgendwo – wo? – eine große Lüge stecken, wenn wir dazu immer in einen Raum gehen müssen. Aber jenes erste und dieses zweite hängen eng miteinander zusammen.

Gestern Abend hielt dann Bonhoeffer die Abendandacht über Psalm 19. Lies ihn mal. Der Psalm von Gottes Herrlichkeit in der Natur. Und der Sänger konnte eben, was wir nicht können: Gottes Natur preisen (Vers 1–7), und vermittelt dann vom Gesetz reden (Vers 8–12), und als drittes von unseren Fehlern, unserer Sünde sprechen (Vers 13–15). Das ist doch sehr seltsam.

Lass es Dir mal durch den Kopf gehen. Es ist doch jedenfalls sehr beunruhigend, wenn man entdeckt, dass man scheinbar in den Ferien das Evangelium nicht braucht. Irgendwo muss da in unserer Stellung ein schwerer Fehler liegen.

89

Bahnhof Stettin am 16. August 1937[235]

Über Hartmut [Krauses] Bericht bin ich nicht so sehr erschrocken, und ich finde es reichlich naiv und unwissend, anzunehmen, dass solche Dinge in der christlichen Jugend nicht vorkämen. Grade auf der Stapo wurde mir gesagt, das [sie] ein christliches Lager verboten haben, weil ein gerade Verurteilter wegen § 175 dort Gruppenführer war.

---

235 Die Nachricht befindet sich auf einer beidseitig beschriebenen Postkarte.

90

Finkenwalde am 17. August 1937[236]

Zu ihm [gemeint ist Pfarrer Will Völger]: Dir wird diese Zeit insofern auch nutzbringend sein, als Du dich nicht über die kirchlichen Einzelmeinungen so sehr aufregst, hörst Du, das musst Du bei Will Völger nicht tun. Er selber ist eben ein lieber Mensch und ein feiner Kerl, aber wo es mit Theologie und Kirche anfängt, ist er ein wirrer Kopf. Hängt sich an lauter unwichtige Einzelerscheinungen und stolpert dabei über das Gesamtnotwendige. Die Sache mit Schubring (der Vetter dessen, der mit mir in Stolp war), dass er »Bruder« angeredet sei und nicht eingeladen sei, ist typisch! Damit geht er durchs Land! Wobei er wahrscheinlich nicht weiß, dass diese Kleinkreise vom Kirchenregiment für uns angeordnete Sache der Ausbildung sind, wir also gar keinen Anlass haben, solche Leute, die nicht dem Ausbildungsamt der BK unterstehen, einzuladen. Die Sache mit Rendtorff ist genau dasselbe. Er weiß dann immer viele Einzelfälle aufzuzählen, und man muss dabei sehr vorsichtig sein. Auch die Darstellung solcher Einzelfälle entstellt zu oft die Sache.

Er ist davon überzeugt, dass keiner aus der pommerschen BK das Charisma Kyberneseos (in griechischen Buchstaben) (der Kirchenleitung) [hat], außer [Karl] von Scheven und er selbst vielleicht. Da kann man ihm nicht mehr helfen. Dazu kommt, dass er zeitweise unausstehlich eitel ist, sich gerne reden hört, und ein armes Opfer dann halb tot redet. An das alles musst Du dich mit gelassenem Herzen gewöhnen, bei einzelnen Fällen lieber sagen: »Das kann ich nicht beurteilen«, als zuzustimmen, und ihm sonst in seinem Verständnis von Bekennender Kirche kräftig entgegentreten [und] dich möglichst wenig auf seine oft verschrobenen kirchlichen Thesen einlassen.

Vor allem [mache Dir] seiner »programmatischen« Reden wegen doch keine schlaflosen Nächte, Liebste. Er ist in diesem Punkt ein unheilbarer »Kirchenpolitiker«, der bald beim Bruderrat, bald beim

---

236 Der Brief besteht aus einem DIN A4- und einem DIN A5-Bogen – beide auf allen Seiten beschrieben.

Konsistorium rumläuft und stundenlang auf die Leute einredet. Er lebt noch [mit] der Wahnvorstellung, dass man die Kirchenkrise unserer Jahre bei richtiger Anwendung richtiger kirchenpolitischer Maßnahmen beheben kann. Dieses [ist] einer seiner Grundirrtümer. Statt zu erkennen, dass der einzige Wall, der den gewaltigen Ansturm gegen Christus und sein Reich unter uns entgegen aufgerichtet ist, in der kleinen BK (wie sie sich auf ihren Synoden immer wieder gezeigt hat) [liegt], dass er diesen stark machen müsste, popelt er den führenden Männern der B.K. in der Nase herum und ist darauf ziemlich stolz. – Ich bin gespannt, wie das kirchliche Leben und seine Predigten dort sind.

[...] Über Völgers Anmeldung zur Partei enthalte ich mich des Urteils, was nicht heißt, dass ich keine Meinung dazu habe.

91

Finkenwalde am 18. August 1937[237]

Einer von uns will wahrscheinlich nach dem zweiten Examen abschwenken und Techniker werden. Er bot mir heute die drei Bände des Synoptiker Kommentars von [Heinz] Lietzmann (alle wie neu, ohne Namen und Striche, gebunden 1929) für 10–11 Mark an. Neu kosten sie 22.95. Das ist der historisch-kritische Kommentar, von dem ich ja nichts habe. Ich sagte: Ich wollte erst mit Dir reden: 1) Hast Du etwa einen der Bände? [Erich] Klostermann in der Lietzmann-Reihe. 2.) Wollen wir die kaufen? 3) Sofort zahlen ist nicht nötig; 4) Wie aber zahlen, da ja unser Calvin noch bedrückend läuft? [...] Ich hätte an und für sich Neigung. – Was lesen wir? Ich habe heute bei der Arbeit an A. F. C. [Vilmars] Dogmatik einige Hiob-Stellen nachgelesen (Engel und Satan), und da bekam ich Lust zu Hiob. Da Du nichts vorgeschlagen hast, tue ich dieses. Donnerstag Hiob 1. Wenn Du sehr dagegen bist, dann schreib es nur, dann richte ich mich gerne nach Deinem dann beizufügenden Vorschlag. – Heute ist »Sonnabend«, sprich, kein Kolleg. Dafür ist Sonnabend »Mitt-

---

237 Die Nachricht erfolgte auf einer beidseitig beschriebenen Postkarte.

woch«, weil der Chef gestern Frau Martin wegfahren musste. Gegen [Paulus] Hinz ist richterlicher Haftbefehl [ergangen], die drei anderen in Hinterpommern sind mitsamt der Kollekte frei.

92

Finkenwalde am 19. August 1937[238]

Dass sie [Hilde Völger] Dich schon so bald mit auf Gemeindebesuche mitgenommen hat, freut mich ganz besonders. Gerade an so was liegt mir ziemlich, weil ich weiß, wie viel Überwindung – so ein richtiger Ruck – dazu gehört, in alle Häuser, auch die kleinen und schwierigen hineinzugehen, und weil ich meine, dass man erst dann unbekümmerte Gemeindearbeit tun kann, wenn man diesen Ruck hinter sich gebracht hat. Mir ist das gar nicht leicht geworden und ficht mich manchmal noch an, aber meine glückliche Anlage: Im Allgemeinen mit dem Volke zu können, hilft mir immer sehr dabei. Dass freilich die Frau Pastor als Frauenschaftsleiterin und NSV-Frau ankommt, – das kommt mir irgendwie etwas schief vor.

Du hast das Völger'sche Haus ganz richtig erkannt mit dem Satz: »Es ist eine starke Betonung des Menschlichen.« Ich verstehe das sehr, ich billige es auch weiterhin; dauernd mit der Bibel in der Hand, bin ich auch gar nicht, und so mit pastoralem Wesen etc. (typisch: Fritz [Onnasch] hielt mir nach der Katechese, die glatt und unter guter Beteiligung der Jungens ging, vor, ich hätte nicht überall den passenden Ton gehabt, sondern sei zum Teil in den Jungenston verfallen; ich finde das gar nicht so abscheulich), aber es kann auch diese Menschlichkeit in der humanen, fürsorgenden, guten Menschlichkeit stecken bleiben und das Skandalon des Evangeliums durch die Menschlichkeit neutralisiert werden, – es kann. Das ist die Gefahr.

---

238 Der Brief besteht aus einem beidseitig beschriebenen DIN A4-Bogen.

93

Finkenwalde am 20. August 1937[239]

[Wilhelm] Niesel hat plötzlich abgesagt, sodass wir heute (bei strahlendem Sonnenschein) doch etwas zur Arbeit kommen. Ich hoffe, heute und morgen mit A. F. C. [Vilmar] Dogmatik I fertig und vielleicht doch auch mit II im Semester fertig zu werden. Am nächsten Mittwoch habe ich die Abendandacht in der Kapelle zu halten. Seit drei Tagen ringe ich mit mir und kann mich nicht für einen Text entscheiden. –

[...] In dieser Woche bin ich endlich wieder etwas zur Arbeit gekommen: Bekenntnisschriften, Dogmatik, »Esther« von W. Vischer, evangelischer Theologe.[240] – Hoffentlich kommt man im Amt doch auch zwei Stunden zu wissenschaftlich-theologischer Arbeit pro Tag.

94

Finkenwalde am 21. August 1937[241]

Die Konvente vom Ausschuss sind als solche vom Kirchenregiment angeordnete gekennzeichnet. Es ist die Wahrnehmung einer Funktion (geistliche Leitung), Pfarrkonvente durchzuführen. Gerade das aber ist der Punkt, wo wir ja Widerstand leisten, weil das »Kirchenregiment« der Provinzial-Kirchenausschüsse ein staatliches ist. Wenn wir auf die Konvente gingen, könnten wir Kollekten, Prüfungen, Ordinationen ja auch vom P. K. A. machen lassen. Es ist da kein genereller Unterschied. Im Gegenteil: Man muss die Pastoren mit der

---

239 Die Nachricht ist auf einer beidseitig beschriebenen Postkarte verfasst.
240 Wilhelm Vischer: Esther, Zollikon/Zürich 1938. Nach in Deutschland gehaltenen Vorträgen und nach der Habilitations-Vorlesung an der Universität Basel (1937) redigierter Text. Nach sofort erfolgtem Verbot in Deutschland 1938 im Verlag der Ev. Buchhandlung Zollikon gedruckt. Nachdruck in »Gerade um dieser Zeit willen – Predigten zum Estherbuch«, Ansbach 2020, S. 125–144.
241 Der Brief besteht aus zwei jeweils beidseitig beschriebenen Bögen.

grünen Karte fragen: Was hat sich Grundsätzliches geändert, dass ihr 34 nicht auf die Konvente ginget, heute aber hingeht. – Man arbeitet auf diesen K. A.-Konventen so, als ob nichts seit 1933 geschehen ist, man kann neutral zusammensitzen über allen möglichen nützlichen Dingen. Darum aber geht es nicht, weil gerade diese Neutralität uns verwehrt ist. Siehe die Rede: Der Pfarrverein sei der einzige Ort, wo noch alle Gruppen miteinander friedlich beisammen brüderliche Gemeinschaft haben können. Wir geben mit der Teilnahme an den Konventen praktisch alles andere der BK auf. [...]

Dass es im Dorf der Stimmung nach zum Pfarrhaus anders und besser ist als in Spantekow, freut mich sehr zu hören, und lässt mich wieder mehr Hoffnung haben. Ich weiß wohl, dass es in Spantekow kein natürlicher Zustand ist. Wir wussten übrigens, als wir dahin gingen, dass man es sich mit den Bauern verdirbt, wenn man gut mit der Burg steht oder umgekehrt. Und mit beiden gut zu stehen, dazu gehört eine große Beweglichkeit, und das ist sehr schwer. Man kann da vielleicht nicht einmal einen Vorwurf erheben, das hat alles seine fast tragischen Gründe. Ich glaube auch: Man muss mit einer großen, großen Liebe zu den Menschen kommen, darum freue ich mich, dass Du es dort so siehst, (selbst in Vorpommern!), und dass wir auch in dieser Haltung einmal in eine Gemeinde gehen können. Wie schrecklich ist dagegen eine Stadtgemeinde, wo man so wenig kennt.

Was heißt dreimal [ei]ne Woche Tagung? Die BK-Konvente sind 1× im Monat. Wer sonst kein Amt in der BK hat, wird also nur monatlich 1× in Anspruch genommen. Wem das zu viel ist, ist nicht zu helfen. Wenn Völger nicht so viel rumfahren würde, hätte er viel Zeit für BK und genug Zeit für sein Dorf.–

Heute war ich in Podejuch zu einer öffentlichen S. A.-Trauung, von der vorher im »Sturm« gesagt war: Wir wollen doch zeigen, dass es auch ohne den Pastor geht. Im festlich geschmückten kommunalen Gemeindesaal saß unter Fahne, Hitlerbüste und Lorbeerbäumen das Paar, nachdem die standesamtliche Trauung gewesen war. B. d. M. und H. J. und Frauenschaft waren außer der S. A. offiziell abgeordnet, dazu ein Teil mittlerer SA-Führer. Ein Standartenführer hielt die Traurede. Sehr hilflos und inhaltlich hätten wir die Sache (von deren Standpunkt aus gesehen) noch besser und wesentlicher machen können. Im Gegensatz zu denen, die »dir, dir Jehova ...« sängen und den Judengott anbeteten, hätte die S. A. den marxistischen Klassenhass niedergerungen. Ebenso würde der konfessionelle Klassenhass bezwungen werden. Wer das Braunhemd anzieht, ist nicht mehr Katholik, Protestant, deutschgläubig, sondern für Deutschland. Das ist unser religiöser Impuls. Kurzer Lebensabriss des Paares. War nicht viel mitzuteilen. Musik. Übergabe von »Mein Kampf«. Auf dem Buch nahm der Standartenführer den Ringwechsel vor sich. Nationalhymnen und »Gruß an den Führer«. Manches recht ungeschickt, aber Ziel und Art ist ja klar: die neue Religion. Kaiserkult im Altertum. Und da will Völger herein? Auch Katzow wird keine Insel der Seligen bleiben. Die Getrauten können einem leidtun. –

95

Finkenwalde am 22. August 1937[242]

Deinen Kummer, sich von der 17-Jährigen anstellen zu lassen, begreife ich ganz. Ab Montag ist ja nun Frau [Hilde] Völger wieder da, und falls sie wieder mal fort ist – dann sage der Dina bei vorkommender Gelegenheit doch freundlich, aber deutlich, dass sie ihre Wünsche als solche äußern soll, und dass Du ja nicht hier seiest, um dich von ihr kommandieren zu lassen. Da kannst Du sicher sehr schön nebenbei abfallen lassen, Du wolltest alles tun, aber sie solle auch den Ton beibehalten, der sich gebührt. Das musst Du tun, ohne großen Krach, so en passant. Und wenn sie immer – während Du an mich schreibst, – dazwischen quasselt, so sage ihr mit einem Gruß von mir: Du schriebest jetzt an mich und möchtest ungestört sein. Ich bin ja der Leidtragende. Dass Du über Mittag nicht 1 Stunde frei hast zur Ruhe, das will mir nicht in den Sinn. Wenn der Tag so anstrengend ist, dann musst – bitte! – Du dich mittags etwas hinlegen, ein bisschen lesen oder wenn Du kannst, schlafen. Frau [Hilde] Völger hat ja doch wohl gesagt: Mittags etwas frei.

---

242 Der Brief besteht aus zwei jeweils beidseitig beschriebenen Bögen.

[...] Das »Pfarrkränzchen« vom Landkreis und der BK, – schreibst Du. Gibt's denn da ein Pfarrkränzchen der BK? Ist damit der ganze Greifswalder Konvent der BK gemeint (Leiter P. Koch)? Ich bin gar nicht für Pfarrkränzchen, weil es meistens Klatsch ist und so mit idyllischer Pfarrhausatmosphäre, und keiner denkt daran, dass fast 100 (92) Pfarrer und Laien doch auch für sie im Gefängnis sitzen. Ich sehe in den normalen Pfarrkränzchen Restsubstanzen einer Kirche, die nun eben doch hin ist, trotz der angestrengten Bemühungen vieler Pastoren, so zu tun, als ob quasi nichts geschieht und nur so ein paar Paragrafen wackeln. Schätze sowas nicht. –

[...] Der Chef ist heute nach Sachsen gefahren, wo er auf der Bruderschaftsfreizeit der jungen Theologen redet. – Sein Referat über Kirchenzucht, das wir schon kennen.[243]

Hurra! Mit A. F. C. [Vilmar] Dogmatik I bin ich fertig. Nun geht's morgen mit Todesverachtung in II hinein.

Gestern Abend war der Bruder des jüngeren Pastors der BK, der mit der Leitung unserer Jugendarbeit steht (P. Teichler), bei uns. Der ist Missionsarzt in Deutsch-Ostafrika. War jetzt fünf Jahre draußen, von der Bethelmission. Geht jetzt wieder heraus als Pflanzerarzt der Deutsch-Ostafrika Gesellschaft. Also von einer weltlichen Stelle. Hat sich als Bedingung ausgebeten, Mission treiben zu dürfen. Und hofft, dadurch auch der Mission zu helfen, dass er gewissermaßen vom Reich aus da ist. Er erzählte so einzelne Probleme und Erlebnisse aus seiner Arbeit. Leopardenjagd und andere gefährlich-dramatische Dinge. Hat mir doch große Liebe zur Mission wieder eingeflößt. Früher wollte ich doch von äußerer Mission gar nichts, ausgesprochenermaßen, wissen. Aber das ist jetzt anders geworden oder wird anders. Und die ganzen Probleme des Weltchristentums (Begegnung zwischen Christentum und dem stark sich ausbreitenden Islam) werden einem durch solche Erzählungen neu beleuchtet und die eigenen innerkirchlichen Dinge werden einmal so hingestellt in das Geschehen der Welt. Wir sollen gewiss mit ganzer Hingebung daran arbeiten, an dem, was uns vor die Füße gelegt, – »zu Händen ge-

---

243 Vgl. Bonhoeffer: DBW 14, 820–847.

kommen« ist, aber wir sollen gewiss auch nicht der Gefahr erliegen, nun zu meinen, an unseren Problemen hinge die Welt.

96

Finkenwalde am 24. August 1937[244]

Damit dieser Brief aber nicht ganz trübe wird, will ich noch einiges vom Sonntag erzählen. Nachdem ich Dir geschrieben und Kaffee getrunken hatte, ging ich zu Kath's herauf (etwa um 17 Uhr), und sah sie unterwegs mit Kind und Kegel durch die Wiesen schieben. So machten wir einen sonnigen Spaziergang, und ich kam auf diese Weise auch zu einem richtigen Gang. Einen großen Teil des Weges schob ich den Kinderwagen, was sich recht putzig machte und uns Anlass zur Heiterkeit gab. Hubert [Kath] hat große Not und Zweifel wegen Eintritt in die Partei, andernfalls: Stellung gefährdet. Nach dem Gang kam ich mit zu ihnen, und weil ich so lange nicht da und bald von hier weg, blieb ich zum Abendbrot da und auch nachher noch. Schmökerte, während Elisabeth [Kath] das Kind abfütterte und Abendbrot machte, in einem Buch: »Die deutsche Mutter und ihr erstes Kind«, von einer Ärztin.[245]

[...] In dieser Woche ist Preußensynode. Ich habe den Eindruck aus dunklen Andeutungen, dass Peter (in griech. Buchstaben) auch dabei ist. Aber Ort, Zeit und Teilnehmer sind geheim (auch hier weiß es niemand), ehe alles fertig ist. Sprich nicht darüber.

---

244 Der Brief besteht aus zwei, zum Teil beidseitig beschriebenen Bögen.
245 Johanna Haarer: Die deutsche Mutter und ihr erstes Kind, 1934. – Nationalsozialistische Darstellung. Nach dem Weltkrieg unter dem Titel »Die Mutter und ihr erstes Kind« in mehreren überarbeiteten Auflagen erschienen.

97

Finkenwalde am 25. August 1937[246]

Habe eben Mittag mit Gerhard [Krause] gegessen und werde heute Abend per Auto nach Ostpommern starten. Ganz plötzlich wurde ich gerufen, die Andacht kann ich also nicht halten heute. Dies geht vor, denn Hausherr [Dietrich Bonhoeffer] war heute auf [dem] Konsistorium in Berlin. Er wird sicher wissen, warum ich fahre. Es ist brieflich darüber nihil [nichts] zu sagen. Bitte schreib nichts davon. So werden die Tagespläne zerrissen.

98

Kolberg am 26. August 1937[247]

Nach gestrigem nächtlichen Gespräch bei einem Hirten und Hotelnacht, nach heutigem Morgenbad in wellengängiger See und schönem Kaffeetrunk, anschließend mit Ei und Zigarette, nach all diesem und vor der Fahrt der etwa 450 km heute, sollst Du einen Gruß haben, der Dir mein Wohlbefinden anzeigt und hofft, dass es ebenso Dir geht und Du fröhlichen Gemütes bist.

99

Finkenwalde am 27. August 1937[248]

Nachdem wir über Nacht um dreiviertel zwei zurückgekehrt sind, und ich dann den Vormittag über in Stettin mit Abgabe des Wagens und Bericht an den Bruderrat – langes Gespräch mit [Eberhard]

---

246 Die Nachricht (mit Bleistift geschrieben) befindet sich auf einer Ansichtskarte (Ufa-Palast Stettin).
247 Die Nachricht befindet sich auf einer Ansichtskarte von Kolberg (Städtisches Kurhaus). Sie enthält einen Gruß von E. Veckenstedt, der offenbar mit auf dieser Reise war.
248 Der Brief besteht aus zwei jeweils beidseitig beschriebenen Bögen.

Baumann – zu tun hatte, habe ich nach einem recht heftigen Gespräch über eine bestimmte kirchliche Sache mit Bonhoeffer und nach eineinhalbstündigem Mittagsschlaf (ich bin noch rasend müde) Kaffee getrunken, um nun zu Deinen drei unbeantworteten Briefen etwas zu sagen.[249]

100

Finkenwalde am 28. August 1937[250]

Die Fahrt mit dem Wagen war sehr schön, wir hatten einen ziemlich neuen DKW (8000 KM) mit dem wir auf den guten Straßen ohne Mühe 90 KM fahren konnten. [...]
  Dann nach Kolberg zu [Paulus] Hinz. Etwa um 22.30 Uhr kamen wir an. Er erzählte uns vom Gefängnis, und wie er durch Unterschrift wieder freigelassen sei, und welche Missverständnisse dabei geschehen. Kurz, etwa um ½ 1 Uhr verließen wir ihn, nach einem recht schweren Gespräch, stiegen in einem Hotel ab und schliefen nicht schlecht bis 7.30 Uhr. Dann an die See gefahren und bei recht bewegtem Seegang ein den ganzen Organismus stärkendes Bad genommen. Herrlich. Dann im Kurhaus zu morgen gespeist, von wo aus wir unseren Anverlobten schrieben.
  Dann ging die Fahrt durch hügelig schönes Land nach Köslin. Unterwegs weite Schläge voller Getreide, das schon ganz schwarz und unbrauchbar geworden war. In Köslin stießen wir wieder auf die große Hauptstraße nach Stolp, wohin es über Schlawe hurtig, hurtig ging. Wie ein Wiesel lief das Wägelchen. Ist ja auch eine Pfundsstraße! In der Mönchstraße platzte ich gerade in dem Moment ins Haus, wo Mittag gegessen werden sollte. Mein alter Chef war gerade vom Urlaub heimgekehrt. Girlanden etc. [...] Der Chef war bekniffen. Ich hatte ihm doch wegen der Kollekten einen fragenden Brief aus

---

249 Um was es in diesem »heftigen Gespräch« mit Dietrich Bonhoeffer gegangen ist, erschließt sich auch aus den folgenden Briefen nicht.
250 Der Brief besteht aus einem DIN A4- und einem DIN A5-Bogen – beide jeweils beidseitig beschrieben. Auf dem ersten Bogen ist ein Heidekraut-Zweig eingesteckt.

Kagendorf geschickt. Er kündigt nichts mehr ab an Kollekten, sondern sammelt so für die BK, ganz unmöglich.

Dann aßen wir im Ratskeller und fuhren zu Dibelius, Sohn vom General, Du weißt, ich schrieb von Stolp aus je und je von ihm. Im hin und wieder bei Bismarckbriefen vorkommenden Altkolziglow sitzt er (Bütower Gegend). Dann kam eine Landschaft, ganz herrliche Gegend. Bis Regenwaldburg und darüber hinaus. Manchmal meinten wir, wir führen im Thüringer Wald, oder auch an Hessen erinnerte es. Über Höhen und Täler. Und alles unglaublich friedlich. Jedes Dorf sieht wie das andere, jede Stadt wie die nächste aus. Ganz, ganz herrlich war die Fahrt; nur viel zu schnell und wir murmelten immer vor uns her w̲i̲e̲ strafbar, ruchlos es ist, durch diese Gegend mit 70, 80, 90 Sachen zu fahren. Längeres, äußerst schwieriges Gespräch mit [Pastor Hans] Röhrig-Siedkow (wo dich Karl Ferdinand [Müller] hin haben wollte), der auch bei den Kollekten nicht offen verfährt. Er sagte: Ihn bedrücke, dass unsere Stellung zum Staat nicht in Ordnung sei. – Wir fuhren dann über Belgard in die geplante Gegend, wo Jochen [Graf Finckenstein] jetzt wohnt. Vorerst noch im Gutshaus des einen Patron. 22.00 Uhr fuhren wir vor. Um 23.30 Uhr wieder fort nach einem berichtenden und erzählenden Brief über all das Erlebte, seit wir uns nicht gesehen. Ich glaube, er ist recht gut untergebracht, in der Nähe einiger ordentlicher jüngerer Brüder der Bruderschaft. Ja und so kamen wir um 1.30 Uhr hier an, ziemlich voll müde von den 650 km in etwas über 30 Stunden. Freitagvormittag Bericht in Stettin. Stephanie von Mackensen hat mich doch gern. Gestern Abend im Aussprache-Abend wurde anhand einer konkreten Sache unsere Stellung zum Staat und zur Obrigkeit besprochen; zwei waren mit mir ungefähr einer Meinung, oder sagten es jedenfalls, zu meiner Überraschung [Johannes] Taube. Es ging mächtig scharf her, fast 3 Stunden lang. Es ist bei uns nicht recht, wenn die Selbstsicherheit, die wir an uns haben, sowohl auf politischem Gebiet wie auch auf kirchlichem (zum Beispiel was von Süddeutschen ist Mist qua von Süddeutschen, was aus Dahlem kommt ist gut qua Dahlem) zur Inpertia wird. Wir haben ganz gründlich unsere Meinung gesagt. Mir ist auch noch nicht ganz formulierbar, wo der Punkt liegt, aber dass es etwas ist, und ob wir wirklich nicht zum Teil da die Umkehrung der D. C. mit negati-

Die Briefe

vem Vorzeichen sind, muss durchdacht werden. Ich weiß alles, was man politisch sagen und einwenden kann. Gewiss, das soll nicht abgeschwächt werden. Aber an unserer Haltung (etwa: dass uns so ziemlich alles gleich geworden ist – sicher nicht durch unsere Schuld allein, – was im politischen Raum geschieht) ist was verkehrt. Und gerade bei Finkenwalde liegt da eine Wunde, die man irgendwie heilen muss. Das hat auch hier seine bestimmten Gründe. [Martin] Niemöller kann eben ein Buch schreiben wie: »Wir rufen Deutschland ...«[251] Und woher kommt es, dass wir fast gar kein Verhältnis zum Volk mehr haben. Es ist nur eine schwere Frage. Nur, weil wir so abgedrängt worden sind?

Heute Abend kommt [Wilhelm] Niesel, wenn er nicht wieder plötzlich absagt. Auch [Martin] Albertz will mal kommen bis zum 11. September. Allerlei anderer Besuch kommt auch noch; aus anderen Provinzen und früheren Kursen.

101

Finkenwalde am 29. August 1937[252]

Landjäger im Gottesdienst heute. Preußensynode gut verlaufen.[253] Die andern sind schon weg. Ich muss nachlaufen.

102

Finkenwalde am 30. August 1937[254]

Mein Tag ist aber ganz besetzt und mit Gerhard [Krause] hätte ich darüber hinaus noch verschiedene Sachen zu bereden. Über die Kas-

---

251 Otto Dibelius, Martin Niemöller: Wir rufen Deutschland zu Gott. Berlin 1937.
252 Die Nachricht befindet sich auf einer Ansichtskarte (»Märchenwald«).
253 Bekenntnissynode der B. K. der Altpreußischen Union. Lippstadt vom 23.–27.8.1937. Vgl. Bethge: Dietrich Bonhoeffer, 658 f.
254 Ansichtskarte »Mädchenbildnis«.

seler Botschaft[255] ist hier ein heftiger Disput entstanden, und ob man die politischen Urteile darin mitlesen soll oder nicht.

103

Finkenwalde am 30. August 1937[256]

Gestern war also [Wilhelm] Niesel noch hier. Er ist doch gar nicht so eingebildet und hochmütig, wie man immer von ihm sagt. Hat viel und genau von der Lippstadt-Synode erzählt, die unbehelligt gearbeitet hat und sehr ordentliche, wenn auch schwere und weittragende Beschlüsse gefasst hat. Kollekten werden nach dem Plan der BK in der Kirche abgekündigt und dort eingesammelt. Ich bin gespannt, was nun [Werner] de Boor und die anderen machen, die allerlei Kniffe erdacht hatten, sich dem Zugriff zu entziehen. Vater [Bruno Krause] war also auch da, was für ihn sicher eine innere Stärkung und Anerkennung bedeutet.

Ich bin ja so gespannt zu hören: Ob [Will] V.[ölger] gestern verlesen hat oder nicht. Ich weiß gar nicht, worauf ich tippen soll. Zumal ja sein »Freund« [August] Marahrens unterschrieben hat. Die Synode hat ein anderes, klareres Wort als Botschaft beschlossen.[257]

[...] Anschließend Brief in Auszug der betreffenden Stelle zu unserem Verhältnis [gemeint war sein Verhältnis zu seinen Eltern].

---

255 Kanzelabkündigung vom 29. August 1937. In: Joachim Beckmann (Hg.), Kirchliches Jahrbuch für die Evangelische Kirche in Deutschland 1933–1944. Gütersloh 1976, 194–198.
256 Der Brief besteht aus einem beidseitig beschriebenen DIN A4- und einem DIN A5-Bogen, der einen Auszug eines Briefes von Winfrid an seine Eltern wiedergibt.
257 Vgl. Anmerkung 251.

104

Finkenwalde am 31. August 1937[258]

Hab Dank für Deinen Brief vom Sonntag, den ich schon sehr erwartete. Ja, es klingt mancherlei in ihm, ich muss es sagen, – nicht ketzerisch, aber nach den Fleischtöpfen Ägyptens, nach denen Israel sich sehnte. Es müsste ein merkwürdig borniertet Pfarrer der BK sein, der sich nicht nach Ruhe und Frieden und guten Verhältnissen in seiner Gemeinde sehnen wollte. Haben wir denn Ägypten verlassen? Oder sind wir nicht auf diesen Weg geschickt?

Und zweitens: Bist Du nicht darüber erschreckt, ja richtig erschrocken, dass es in Preußen eine christliche Gemeinde scheinbar gibt, die den Frieden mit der Welt geschlossen hat? Die den Brüdern außerhalb der Grenzen ihrer Gemarkung die Brüderlichkeit versagt bzw. sie ihr von ihrem Pastor vorenthalten wird? Man müsste darüber, glaube ich, tief erschrecken. Denn in der preußischen Kirche brennt es nun mal, während es für Hessen und Bayern etc. insgesamt (scheinbar) noch nicht so brennt, wie wohl auch dort das Verhalten klar wider Christi Gebot steht. Aber in Preußen bekommt das alles ein ganz anderes Gewicht. – Es sollten uns Zweifel an dem Gehorsam eines »Hirten« ankommen, wenn er seine Gemeinde heraushält aus der Front des Kampfes und damit faktisch den Gegner stärkt. Ich traue diesem »Frieden« ganz und gar nicht, und glaube, dass Jeremia 6,14 wirklich gilt.[259] – Ich bin sehr dafür, dass man auch das Ringen der Kirche nur so ernst nimmt, wie es genommen werden darf, aber ich möchte doch wissen: Ob man auch im Katzower Pfarrhaus nicht von den Gefangenen sprechen würde, wenn er oder sie im Knast säßen. Seit gestern sind es 108. Heinrich Vogel auch. Und ich weiß ferner nicht, ob es tröstlich für die im Gefängnis ist, zu bedenken, dass in vielen Pfarrhäusern ihre Not nicht mitgetragen wird. – Das alles braucht sich nicht in vielen »Reden« auszudrücken, aber wo gar nicht davon gesprochen wird, da stimmt etwas nicht.

---

258 Der Brief besteht aus einem beidseitig beschriebenen DIN A4-Bogen.
259 Jeremia 6,14: »[...] und heilen den Schaden des Volks nur obenhin, indem sie sagen: ›Friede! Friede!‹, und ist doch nicht Friede«.

Und so bin ich drittens dabei: dass Du siehst, welche Gefahr das Ruhebedürfnis für die Pastoren ist. Sie wollen sich in ihrem Dorf nicht stören lassen und darum. Es ist das träge Fleisch und es sollte jeder von den kirchlichen Entscheidungen in Stettin ausgeschlossen werden, der sie nicht in seinem Dorf durchzuführen jedenfalls und mindestens im Gottesdienst versucht. Und weil Völger sich in Stettin so wichtigmacht und in seiner Gemeinde einen Scheinfrieden attrappiert, darum glaube ich ihm weder das eine noch das andere.

Gerade an dieser Gemeinde, und dessen freue ich mich, wird Dir eine Menge von Dingen klarer, und deswegen lag mir so daran, dass Du dorthin kämst, weil ich Dich bei lieben Menschen wusste. Kirchlich für die BK sollst Du dort eben am Gegenteil lernen. Wo macht man dort etwas von den großen Geschehnissen, angefangen bei Barmen? Nicht einmal zum geringsten Dienst, der brüderlichen Fürbitte, hat die Gedrungenheit vom N. T. her gespürt. Ich kann nur sagen: Tausendmal lieber [bin ich] auf diesem unsicheren, schmalen, bedrängten Weg der per-secutio (wie Niesel sagte) als [auf dem] des scheinbaren Friedens (per-sequor), bei dem man meint, seiner Gemeinde einen Dienst zu tun. Mir ist das unheimlich.

105

Finkenwalde am 1. September 1937[260]

Nach meiner ersten Überraschung ob Deiner Fortreise aus Katzow, habe ich mich nun gesammelt und will dir schnell schreiben, ehe allerlei andere Dinge noch zu erledigen sind, und nachdem ich ein halbes Stündchen sanft geschlummert habe.[261]

Heute Abend habe ich meine am Vor-Mittwoch ausgefallene Andacht. Wer weiß, ob es nicht die letzte in unserem Kurs ist. Wir haben heute nämlich angedeutet bekommen, dass alle Predigerseminare früher als geplant entleert werden, möglicherweise, damit

---

260 Der Brief besteht aus einem beidseitig beschriebenen DIN A4-Bogen.
261 Friedegard Vilmar beendete ihr Praktikum im Pfarrhaus von Will Völger Ende August 1937.

die Gemeinden der Verhafteten aufgefüllt werden können.[262] Es gibt Kirchenkreise, in denen 2–5 nur noch da sind und 5–8, 9 (ja zehn?) sitzen. Sowas käme, wenn überhaupt, ziemlich plötzlich. Ob wir dann in andere Provinzen geschickt werden oder vorerst noch nicht, weiß man hier noch nicht.

Die Liste von gestern nennt 111 Verhaftete. Es ist in den letzten drei Monaten langsam und stetig immer gestiegen. Erst waren es 3, 5, 10, dann 30 und nun eben über 110. [Adolf] Bunke ist in ein KZ bei Weimar überführt.[263] Warum, wissen wir nicht. – [...]

Morgen will ich nach Stettin, wahrscheinlich; muss anderes besorgen und will mit Frau von M.[ackensen][264] einiges besprechen, auch dieses: Wie sie sich das mit den Pfarrstellen denkt, und dass ich nach dem zweiten Examen heiraten möchte, und wie sie es ansieht etc. –

106

Finkenwalde am 2. September 1937[265]

Meine Andacht ging gestern glatt. Ich schicke sie morgen oder übermorgen mit.[266] Ob ich morgen zum Schreiben komme, ist freilich noch unklar, weil es nicht ausgeschlossen [ist], dass ich wieder auf Achse [sein werde]. Im Übrigen geht hier alles mit riesen Schritten dem Ende zu. Allerdings noch viel zu tun vorher.[267]

---

262 Vgl. Himmler-Erlass vom 29.8.1937, in: KJ,205–206. Dazu E. Bethge: Dietrich Bonhoeffer, 659–660. Demnach wurde Finkenwalde erst am 28.9.1937 geschlossen.
263 Es handelt sich um das im Juli 1937 eingerichtete Konzentrationslager Buchenwald.
264 Stephanie von Mackensen, Geschäftsführerin des Pommerschen Bruderrats in Stettin.
265 Beidseitig beschriebene Postkarte.
266 Diese Andacht war in den nachgelassenen Papieren von Winfrid Krause nicht ermittelbar.
267 Die Andacht liegt nicht vor.

107

Finkenwalde, 3.9.1937[268]

Dass ich über die kirchlichen Dinge nichts Näheres schrieb, hatte seine Gründe! [Adolf] Bunke ist frei! [Otto] Dibelius dafür verhaftet.

Friedegard schrieb am 2. September 1937 in einem Brief an Winfrid: Martin hat ja nun doch – glaube ich – in der Theologie besonders was weg! Ach Du, es kam mir ganz komisch vor, ich bin dieser Dinge ganz entwöhnt; wir beide treiben ja eigentlich fast nie Theologie ☺. Und nun legte er los. Du, ich habe ihm das mit dem Segen klargemacht! Was sagst Du! Mit: Der Herr segne Dich. Und er hat es eingesehen! Und dann hat er fabelhaft von Quervain erzählt und von seiner umfassenden Theologie. Und dass [Alfred de] Q.[uervain] die Gefahr sieht, die BK würde zur Sekte, und sein Anliegen, dass eben wirklich die Kultur christlich ist, dass es christliche Ärzte, Staatsmänner usw. geben muss, und dass allerschlimmstenfalls, wenn man uns ganz aussperrt, die BK ihre eigene weltliche Kunst haben muss usw. Und über das 4. Mosebuch hat Martin [nicht lesbares Wort] gesagt – weil ich wieder erzählt [habe], ich könnte nichts damit anfangen – dass man eben ganz [nicht lesbares Wort] davon sehen könnte, wie ein Volk, Staat usw. alles unter Gottes Wort ordnet! Ach Du, es tut gut nach [nicht lesbares Wort] Reden nun mal den Reformierten zu hören. Von Schlier war er nicht so begeistert, so ›biblizistisch‹. Und Q.(uervain) setzt sich schon mit allen auseinander! Er war ja schon in Marburg meine Liebe! Martin sagte: Er gäbe ganz ernst auf die lutherische Kirche immer weniger und man könne wirklich nur reformiert sein!

---

268 Beidseitig beschriebene Postkarte.

108

Finkenwalde am 4. September 1937[269]

Mir ist bei dem, was Martin [?] von [Alfred de] Quervain berichtet, ziemlich unheimlich zu Mute und irgendetwas sehr Entscheidendes stimmt daran nicht! War die erste Christenheit eine Sekte? Ich meine nicht. Und wo sagt die Bibel, nicht dem Buchstaben, sondern dem Geiste nach: Die Kultur der Völker soll christlich werden. War das gerade nicht die Rede des vorigen Jahrhunderts, gegen die Dein Ahne so zu Felde zog? Bis hin zu dem klassischen Vertreter (angefangen bei [Friedrich] Schleiermacher) [Adolf von] Harnack. Wollten die nicht-christliche Kultur. Und darum ist mir die Sache so verdächtig. Es ist etwas sehr Verlockendes. Es wundert mich auch, dass sich ein Theologe (wie ich es von Martin annehme) so billige Schlagworte aussucht, »Ketzerhüte« würde [Karl] Barth sagen, und [Heinrich] Schlier mit »biblizistisch« abtun. Wundert mich sehr. Nach allem, was Du schreibst, scheint [Berthold] Martin nun gerade ins Gegenteil zu verfallen von jener anderen Gefahr der BK-Studenten, über die Du aus Marburg so treffend schreibst. Es zeugt auch nicht von absolutem Durchdachthaben, wenn man auf die lutherische Kirche »immer weniger gibt«, und ich sehe hier mit Erstaunen die Aufrichtung eines nun eben reformierten Konfessionalismus. Die lutherische Kirche ist ja nicht an die Landesgrenzen von Hannover gebunden!

[...] Nun aber noch zu dem langen, feinen Gespräch, das ich mit Frau [Stephanie] von M.[ackensen] am Donnerstag hatte. Auch gestern auf dem großen Konvent [...] haben wir wieder wie im Winter alles zusammen gemacht an Technischem. Zum Schluss sagte sie in der Hitze des Gefechtes sogar »Du« zu mir (Du brauchst aber nicht eifersüchtig zu werden! ☺), denn wir sagten uns beide gleich: Das ginge denn doch zu weit. Aber sie sagte: Wenn es Ihnen in Spantekow zu langweilig wird, dann kommen Sie doch wieder aufs Büro. Und an-

---

269 Der Brief besteht aus zwei beidseitig beschriebenen DIN A4-Bögen.

dere schwere kirchliche Dinge hat sie mir anvertraut. Wir haben uns eben wirklich durch die Zusammenarbeit sehr gern gewonnen. Sie sagte am Donnerstag: 130,- bekäme ich sicher. Und manche Gemeinden gäben auch im Hilfsdienstjahr ja noch was dazu. Mit 150,- könnte man auf dem Lande auskommen. Es wäre zwar kein großartiges Leben, und man müsste sich manche Wünsche versagen; aber das täte man auch. Wenn einen später eine andere Gemeinde wählte, müsse sie den Umzug zahlen. Sie fragte: Ob Du irgendwo bleiben könntest, wenn ich »eine Weile aus der Gemeinde fort müsste« (dabei dachte sie wohl an Verhaftung). Ich sagte ja; nach Hause könntest Du immer. Aber viele junge Pfarrfrauen tun ja fleißige Gemeindearbeit, während ihre Männer jetzt sitzen. – Und da sagte sie: Sie haben ja wohl ihrer Braut nichts vorgemacht und sie (also Du) würde das wohl auch durchhalten. Nur über eines müssen wir uns klar sein: Wenn es durch das kleine Gehalt zum Versagen eines Kindes käme, – das hielte sie für sehr gefährlich und es könnte die ganze Ehe zerstören. Und an diese Möglichkeit haben wir auch wohl gar nicht gedacht. Man müsse eben im Sommer für den Winter sparen. [Meines] Vaters Bedenken verstände sie. Aber sie sagte zum Schluss: »Wenn ich es wäre, ich würde sicher heiraten.« Ich bin auch sicher, dass man mir was Passendes gibt, wenn was da ist. »Kochen, nähen, Pflege, schneidern, – sowas müsste Ihre Frau eben können. Kann sie mit wenig Geld wirtschaften?« – sodass ich nach allem vorerst recht entschlossen bin, wenn Du derselben Meinung bist, dass wir in einer passenden Zeit nach dem Examen heiraten.

(Am Rande:) Als [Albrecht] Schönherr hörte, dass Du bei Völger [warst], war seine impulsive Antwort: Na, dann muss sie mal einladen, wenn wir wieder in Greifswald [sind]. Er vertritt einen aus dem Kreise Grimme ausgewiesenen BK-Pfarrer für Zeit.

109

Finkenwalde am 5. September 1937[270]

Und das mit Zemlin, das finde ich in der Tat sehr aufregend. Was aus Deinem Brief nicht hervorgeht, bitte beantworte doch: 1. Ist der »olle Pastor« noch da und wenn ja: Weißt Du, wann er in Ruhestand gehen will? 2. Wie lange ist Martin noch da? 3. Kann ich an Martin eine Zusammenstellung von einzelnen Fragen über die dortigen Gemeindeverhältnisse schicken?

Ich wäre äußerst zugeneigt (generell) in diese Gegend zu gehen, weil Jochen [Graf Finckenstein] und KF [Karl Ferdinand Müller] da ganz in der Nähe sitzen und wir dann dort eine Zelle bilden könnten. Der ordentliche P. Reichel (Bultmann-Schüler) dort auch direkt ganz nah. Wenn das was würde, es wäre ja fantastisch. Vierte Frage: Lebt Herr v. S. noch? 5. Ist Zemlin ein reines Gutsdorf? Wenn die Sache möglich ist, würde ich es so drehen, dass ich mal hinfahre und mich vorstelle. Als Zeugen oder Bürgen könnte ich außer [Rudolf von] Thadden ja noch andere Großagrarier nennen. 6. Wenn das Dorf kein Pfarrhaus hat, wo wohnt dann der Pfarrer?

110

Finkenwalde am 6. September 1937[271]

Der pommersche P. K. A. ist abgerufen, nur [Karl] von Sche.[ven] ist als »geistlicher Leiter« allein geblieben. Doll. Sag es ruhig Völger. Ansonsten ist allerlei Bewegung in diesen letzten Tagen. Habe mich hier über die Pfarre Kamitz, wozu Zemlin gehört, erkundigt. Frau [Stephanie] von M.[ackensen] kennt Frau v. S. – Zemlin recht gut. Fände es herrlich, wenn es was würde.

---

270 Beidseitig beschriebene Postkarte.
271 Beidseitig beschriebene Postkarte.

111

Finkenwalde am 7. September 1937[272]

Während ich diese adhortatio [Ermahnung] schreibe, – ohne hoffentlich dabei altväterlich zu werden; ich meine es wirklich nur gut mit Dir – klingt aus dem Radio: »Heil – Heil – Heil – Heil«. Ich sitze nämlich hier im Lokal der »Finkenwalder Höfe« und höre die Eröffnung des Parteitages. Eben waren von Lutze die Namen der Toten der Bewegung vorgelesen; dann hatte [Rudolf] Hess gesprochen. Jetzt begrüßt [Julius] Streicher und um der nachher folgenden (jetzt im Augenblick beginnenden) Proklamation des Führers [Adolf Hitler] willen, sind wir zu fünft hier. Es ist ja wohl ganz in Deinem Sinne, dass ich mir diese Rede anhöre.

[...] Eben ist was gegen die Konfessionen gesagt. Ich breche hier erstmal ab, um hier nichts zu überhören.[273]

112

Finkenwalde am 8. September 1937[274]

Ich sitze hier im (letzten) AT-Kolleg und benutze das Gespräch der anderen, um Dir einen Gruß zu senden. Heute Nachmittag muss ich packen. Dann haben wir gegen Abend Abendmahl und nach

---

272 Zwei beidseitig beschriebene DIN A5-Blätter.
273 Der »Reichsparteitag der Arbeit« der NSDAP fand vom 6.–13.9.1937 in Nürnberg statt. – Vgl.: Reichstagung in Nürnberg, 1937. Der Parteitag der Arbeit. Herausgegeben von Hanns Kerrl. Berlin, Vaterländischer Verlag. Die »Proklamation des Führers« ist eine Selbstschau der nationalsozialistischen Politik seit 1933 und geht auf kirchenpolitische Fragen nicht ein. Lediglich folgender Satz aus der Proklamation Hitlers nimmt das Wort »Konfession« am Rande eines historischen Überblicks auf: »Auch die vermeintliche ›Bildung‹ sowie die Zugehörigkeit zu einer bestimmten Konfession können nicht mehr als gesellschaftlich bau- und erhaltungsfähige Faktoren angesehen werden« (S. 60).
274 Der Brief besteht aus einem beidseitig beschriebenen DIN A5-Bogen.

dem Abendbrot letztes gemeinsames Zusammensein. Der Tag ist also arg besetzt. [...]

Morgen fahre ich nach Spantekow.

Abb. 4: 1937 im Christian Kaiser Verlag erschienen.

Nachwort

Das Finkenwalder Predigerseminar wurde am 28. September 1937 staatspolizeilich geschlossen.

Am 24. März 1938 legte Winfrid die Zweite Theologische Prüfung vor dem Prüfungsamt der Bekenntnissynode der evangelischen Kirche in Pommern ab. Ab dem 1. April 1938 war er Hilfsprediger in Köslin. Es gab eine rege Korrespondenz mit Dietrich Bonhoeffer von 1937 bis 1943.

Am 19. August 1938 heirateten Winfrid und Friedegard in Marburg. Sie erfreuten sich dreier Kinder: Dietfrid (14.10.1939), Embede (10.5.1941) und Hartfrid (3.10.1942).

Am 22. September 1939 wurde Winfrid zum Militär einberufen. An folgenden Kriegsorten wurde er als Gefreiter eingesetzt: An der Oberrheinfront, am Westwall, am Vormarsch durch Luxemburg, Belgien und Frankreich bis Bourges; dann Einsatz im Osten. Er wurde am 12.9.1941 verwundet und erkrankte schwer im Winter 1941 auf 1942 bei Tichwin östlich von Leningrad. Vom Lazarett in Marienbad kam er im Juni 1942 in das Lazarett in Marburg.

Am 30. März 1943 erschien er – schwer erkrankt vom Marburger Lazarett aus in Pommern anreisend – zu einem Kolloquium vor dem Theologischen Prüfungsamt der Kirchenprovinz Pommern in Greifswald. Winfrid bestand auf einem Kolloquium, da er eine Prüfung vor dieser Kammer nach wie vor ablehnte.

Im Mai 1943 schrieb er: »Der Kreis der Menschen«, die »um mich stehen wie ein Kreis«. Er schließt so:

»Zu diesem Kreise gehören aber auch zwei Brüder, mit denen ich in besonderer Weise verbunden bin. Der eine ist Eberhard Veckenstädt, den ich in Finkenwalde kennenlernte. [...] Dass ein rechter Christ im Grund auch nur einer ist, wenn er Humor hat, ist mir an ihm und an Dietrich klar geworden. [...]
Dicht bei ihm steht Dietrich Bonhoeffer. Er hat uns in Finkenwalde ja angeleitet zu einem geistlichen Leben. Sein weites Herz

hat im Verstehen der vielen Brüder, die durch seine Hand gegangen sind, soviel ich sehe nie versagt. Dass ich über diese brüderliche Verbundenheit hinaus noch mit ihm Freund bin, der mir in manchen schwierigen Situationen geraten hat, und dessen Rat ich jederzeit zu suchen bereit bin, ist eine zweite Seite, aber eine mich durchaus beglückende.«[275]

Winfrid starb am 7. August 1943 in Marburg, Todesursache war eine Lymphogranulomatose mit Herzinsuffizienz.

Friedegard Krause ging als angehende Lehrerin ins Referendariat in Marburg und absolvierte im Oktober 1944 das Zweite Staatsexamen für das höhere Lehramt in den Fächern Evangelische Religion, Latein und Leibesübungen in Marburg.

Als Studienassessorin und Studienrätin war sie bis 1961 an der Elisabethschule für Mädchen in Marburg tätig. Als Oberstudiendirektorin leitete sie anschließend die Viktoriaschule in Darmstadt (1961–1978). Im Ruhestand lebte sie in Trautheim/Nieder-Ramstadt bei Darmstadt.

Friedegard Krause starb am 24. Februar 2008 in Darmstadt.

---

[275] Winfrid Krause: Nachgelassene Texte. Familienbesitz Krause-Vilmar, Kassel.

Themen in den Briefen

Als Belegstellen sind die Nummern der Briefe angegeben (nicht die Seitenzahlen).

Abendmahl *32, 33, 38, 39–42, 44, 77, 88, 112*
Andachten *9, 39, 40, 93, 105, 106*
Beichte *32, 34, 38 39*
Ehe *15, 48, 50, 88, 94*
Examensberatung Friedegards *6, 13, 31, 41, 45, 55, 57*
Frauenfrage *13, 16, 19, 20, 23, 37, 38, 39, 43, 48, 50, 58, 76, 88, 108*
Gebet *32, 33, 36, 37, 40, 57, 74, 76, 81, 83*
Gemeindezucht *25, 30*
»Intakte« *24, 25, 28, 32, 34, 55, 57, 63, 64, 69*
Judaica *14, 46, 47*
Kindergottesdienst *19, 46, 76*
Kirchenkampf *15, 18, 21, 29, 31, 32, 45, 51, 54, 55, 57, 58, 59, 60, 61, 62, 64, 66, 67, 68, 69, 70, 71, 78, 79, 80, 81, 83, 85, 87, 88, 95, 100, 101, 104, 105, 107*
Kirchenwahlen *34*
Kirchenzucht *39, 88*
Kirchliche Hochschulen der BK *45*
Landekirchenausschüsse *20, 21, 30, 31, 51, 94, 110*
Leben und Lernen im Predigerseminar *1, 8, 9, 10, 14*
Mission *95*
Nachfolge *88*
Natur *88*
Ökumene *13, 20, 29*
Philosophie *24*
Predigten *1, 12, 14, 19, 25, 28*
Preußen-Synode (BK) *4, 5, 21, 101*
Seminaristen *1, 3, 7, 10, 22*
»Visitationsreisen« *97, 98, 99, 100*
Volksmission *37, 38, 48, 52, 56, 57, 58, 62, 64, 69, 71, 72, 74, 76*
Weltpolitik *20, 26, 43, 53*

Namensregister

Aufgeführt werden in den Briefen von Winfrid Krause – neben den in den Briefen genannten Namen von Theologen, Politikern, Dichtern und Philosophen – die Lebensdaten der mit dem Predigerseminar in Finkenwalde oder mit Dietrich Bonhoeffer in Beziehung stehenden Menschen sowie ihre Ämter Mitte der 1930er Jahre (soweit diese ermittelbar waren).

Als Belegstellen sind die Nummern der Briefe angegeben (nicht die Seitenzahlen).

Albertz, Martin	(1883–1956): 1936 Vorsitzender der Zweiten Vorläufigen Leitung der DEK → *2, 62, 64, 83, 100*
Althaus, Paul	(1888–1966): Professor für Systematische Theologie in Rostock (1919) und in Erlangen (1925), 1934 im Lutherischen Rat → *31*
Ananias	Biblische Gestalt → *11*
Anders, Helmut	(Näheres nicht ermittelbar) → *29, 30*
Andree	(Näheres nicht ermittelbar) → *47*
Anz, Hermann	Kreispfarrer in Lebusa, Mitglied des Provinz-Sächsischen Bruderrats → *29, 30*
Arnim-Lützlow, Wilhelm von	(1879–1943): Mitglied des Bruderrats der altpreußischen Union → *70*
Asmussen, Elsbeth	(1898–1973) → *45, 58, 59, 60, 64*
Asmussen, Hans Christian	(1898–1968): 1933 Amtsenthobener Pfarrer, Mitglied im ApU-Bruderrat → *1, 2, 4, 5, 28, 34, 45, 57, 58, 61 79, 88*
Barth, Karl	(1886–1968): Schweizer Theologe → *12, 19, 24, 31, 39, 51*
Baumann, Eberhard	(1871–1956): 1923 bis 1943 Superintendent in Stettin, Mitglied des

	Pommerschen Bruderrats → 2, 4, 5, 44, 47, 99
Beckmann, Joachim	(1901–1986): Theologe, 1934 bis 1945 im Rheinischen, im ApU- und im Reichsbruderrat → 64
Beer, Dr. Willy	Redakteur der »Deutschen Zeitung« → 8, 13, 14
Berg, Hans-Georg	(1909–1979): Teilnehmer des 2. Kurses in Finkenwalde → 42, 44
Bethge, Eberhard	(1909–2000): Theologe, 1935 in Zingst/ Finkenwalde, ab 1934/36 im Bruderhaus → 28, 34, 70
Bismarck, Getrud von	(1890–1971): Frau von Gottfried von Bismarck (1881–1928) → 39, 43, 44
Bismarck, Otto von	(1815–1898): Fürst von Bismarck-Schönhausen, Gründer des Deutschen Reichs von 1871 → 42, 86
Bonhoeffer, Dietrich	(1906–1945): Theologe, Direktor des Predigerseminars in Finkenwalde → 3, 8, 9, 10, 13, 14, 19, 21, 22, 23, 24, 25, 28, 29, 30, 34, 37, 38, 39, 40, 41, 43, 48, 50, 52, 53, 55, 56, 64, 66, 67, 69, 70, 73, 77, 78, 83, 88, 91, 95, 97, 99
Boor, P. de	(Näheres nicht ermittelbar) → 13
Boor, Werner de	(1899–1976): 1932 bis 1945 Pfarrer in Stolp; 1933 bis 1945 Mitglied der BK und des Reichsbruderrats; 1937 Mitunterzeichnung der Erklärung der 96 evangelischen Kirchenführer gegen Alfred Rosenberg → 8, 13, 44, 103
Brachmann, Günther	Finanzverwalter der BK der APU → 58
Brandenburg, Willi	(1909–1942): Teilnehmer des 4. Kurses in Finkenwalde → 13
Breitsohl, Erich	(1905–1978): Verlagsbuchhändler und Tätigkeit beim Ostwerk und dessen Verlag des CVJM. Gründer des Kreuz Verlags 1945 → 51

Namensregister

Bücking, Gisela	Ehefrau des Pfarrers Franz Bücking in Marburg → *47*
Bücking, Franz	Pfarrer in Marburg → *34, 47*
Bugenhagen, Johannes	(1485–1558): Reformator, genannt Dr. Pomeranus → *12*
Bultmann, Peter	Pastor → *29, 30, 31, 32*
Bultmann, Rudolf	(1884–1976): Theologe der Universität Marburg → *1, 19, 29, 30, 40, 41, 45, 52, 53, 54, 61*
Bunke, Adolf	(*1904): Rechtsanwalt, Mitglied der BK, Mitglied des Schlesischen Bruderrats → *28, 41, 105, 107*
Busch, Wilhelm	(1897–1966): Pfarrer, 1931 bis 1962 Jugendpfarrer in Essen → *41*
Büsing, Wolfgang	(1910–1994): 1935/36 in Finkenwalde, 1936 im Bruderhaus; Herbst 1936 Emigration nach London wegen seiner »nichtarischen« Braut → *62*
Calvin, Jean	(1509–1564): Theologe in Genf → *91*
Corbach, Karl-Heinz	(1912–1993): Teilnehmer des 5. Kurses in Finkenwalde → *7, 15, 18, 19, 22, 25, 27, 32, 51, 52, 56, 74, 88*
Delekat, Friedrich	(1892–1970): Prof. für Religionswissenschaft in Dresden → *3*
Dibelius, Otto	(1880–1967): Generalsuperintendent der Kurmark → *20, 21, 29, 83, 87, 100, 107*
Dinkler, Erika	(1904–2002): Kunsthistorikerin, Frau von Erich Dinkler, Marburg; Mitglied der BK → *50*
Diogenes	(404 v. Chr.–323 v. Chr.): Griechischer Philosoph → *45*
Dudzus, Otto	(1912–2000): Teilnehmer des 5. Kurses in Finkenwalde 1937 → *77*
Dühring, Hans	(1880–1971) → *72*
Edith [?]	Nicht ermittelte Bekannte Friedegard Vilmars → *71*

Eger, Johannes	(1873–1954): Generalsuperintendent in Magdeburg, 1935 bis 1937 Vorsitzender des apU-Landeskirchenausschusses → *18, 20, 21*
Ehlers, Hermann	(1904–1954): Richter, Dr. jur. 1934 bis 1940 Jurist des Bruderrats der BK der ApU → *62, 70*
Elgeti	(Näheres nicht ermittelbar) → *62*
Elss, Dr.	Mitarbeiter des Rates der Ev. Kirche der ApU in Berlin → *62, 66*
Finckenstein, Graf Jochen	Freund Winfrids seit dem gemeinsamen Studium in Greifswald → *100, 109*
Flex, Walter	(1887–1917): Deutscher Schriftsteller → *88*
Flohr, Wilhelm	(1882–1938): Mitglied des Sächsischen Bruderrats Oktober 1934, des Reichsbruderrats der Vorläufigen Kirchenleitung I, 1937 Leiter der Sächsischen Bekenntnissynode → *31*
Franke, Martin	Pfarrer, ab 1934 BK, 1936 bis 1938 Mitglied des Reichsbruderrats, Sommer 1941 an der Ostfront gefallen → *1, 66, 72*
Fricke, Otto	(1902–1954) → *64*
Galen, Clemens A. Graf von	(1878–1946): Bischof in Münster → *20, 21*
Gäusser, Fritz	(Näheres nicht ermittelbar)
Gloege, Dr. Gerhard	(1901–1970): Leitung des BK-Predigerseminars in Naumburg am Queis bis 1938 → *19*
Goebbels, Joseph	(1897–1945): Reichsminister für Volksaufklärung und Propaganda → *45, 62*
Gogarten, Friedrich	(1887–1967): Theologe, Mitglied der DC → *31*
Gordon, Ernst	(1909–1991): Pfarrer in Berlin → *83*
Grosch, Götz	(1912–1943): Teilnehmer des 3. Kurses in Finkenwalde → *83*
Günther, Dr. Fritz	(1871–1956): 1936 bis 1939 jur. Mitglied der 2. VKL → *31, 36*

Namensregister

Gürtner, Franz	(1881–1941): Reichsjustizminister → *21, 58, 60*
Hahn, Hugo	(1886–1957): ab 1930 in Dresden, Vorsitzender des Sächsischen Bruderrats → *1, 31*
Harnack, Adolf von	(1851–1930): Professor für Kirchengeschichte in Berlin → *31*
Harnisch, Dr. Wilhelm	(1887–1960): Pfarrer in Berlin, 1935 in Berlin in SS-Gewahrsam, im August 1937 inhaftiert → *81*
Heckel, Theodor	(1894–1967): 1934 bis 1945 Leiter des (»legalen«) Kirchlichen Außenamts → *68*
Held, Heinrich	(1897–1957): Pfarrer, Mitbegründer der BK im Rheinland, im ApU-Bruderrat → *20*
Hensel, Rudolf	(1911–1942, vermisst), Mitglied des 5. Kurses in Finkenwalde → *77 f.*
Hess, Rudolf	(1894–1987): »Stellvertreter des Führers« → *111*
Hesse, Hermann A.	(1877–1962): Schriftsteller → *29*
Hildebrandt, Franz	(1909–1985): Dr. theol. Dr. phil. 1934 Assistent Martin Niemöllers, Juli bis August 1937 kurze Inhaftierung, danach Emigration nach England → *44, 45*
Himmler, Heinrich	(1900–1945): 1929 bis 1945 Reichsführer SS, ab Juni 1936 auch Chef der Deutschen Polizei → *54*
Hinz, Paulus	(1899–1988): Pfarrer, 1930 Domprediger in Kolberg, 1934 Mitglied der Barmer Synode, Mitglied im Bruderrat in Pommern → *91, 100*
Hirsch, Emanuel	(1888–1972): Professor für Kirchengeschichte, seit 1936 auch für Systematische Theologie in Göttingen → *31*
Hitler, Adolf	(1889–1945): Reichskanzler und »Führer« → *3, 19, 58, 60, 66, 111*

Humburg, Paul	(1878–1945): 1934 bis 1943 Präses der BK-Synode im Rheinland, 1934 bis Januar 1936 Mitglied der Vorläufigen Kirchenleitung I, 1936 des Reichsbruderrats → *59, 60*
Immer, Karl d. Ä.	(1888–1944): Mai 1934 im ApU- und Reichsbruderrat, 1935 Mitbegründer der Kirchlichen Hochschule Wuppertal → *29, 85*
Iwand, Hans Joachim	(1899–1960): 1935–1937 Leitung des BK-Predigerseminars in Bloestau, Ostpreußen, 1936 im Reichsbruderrat → *19, 39*
Jacobi, Gerhard	(1891–1971): 1934 im ApU- und Reichsbruderrat, 4. Pfarrer in Stettin → *54, 55, 70, 75*
Jahn, Hugo	(1893–1969) → *2*
Jannasch, Wilhelm	(1888–1966 in Frankfurt a. M.): Pfarrer, 1936 Mitglied der Vorläufigen Kirchenleitung II, ab 1937 Geschäftsführer des Pfarrernotbundes → *29, 31, 54, 66, 83*
Janikowski, Otto	(1911–1942): Teilnehmer des 5. Seminars in Finkenwalde → *48, 56, 74*
Jenner, Karl	(Näheres nicht ermittelbar) → *28*
Kant, Immanuel	(1724–1804): Philosoph → *24*
Karding, Jenny	(»Moritz«): Schulfreundin Friedegard Vilmars → *19, 71, 76*
Kath, Elisabeth	(Näheres nicht ermittelbar) → *96*
Kath, Hubert	(Näheres nicht ermittelbar) → *96*
Kern, Helmut	(1892–1941): 1934 bis 1939 Leiter des neu errichteten Volksmissionarischen Amtes, 1937 Redeverbot und Verfahren wegen Heimtückegesetz, 1938 Dekan in Nördlingen → *25, 28, 43, 44*
Kerrl, Hanns	(1887–1941): Reichsminister für kirchliche Angelegenheiten (ab 1935) → *2, 18, 20, 21, 54*

Namensregister

Kistner, Otto	(1907–1996): Teilnehmer des 5. Seminars in Finkenwalde → *9, 19, 22, 48*
Kleinschmidt, Gisbert	(*13.1.1913): Teilnehmer des 5. Seminars in Finkenwalde → *77*
Knigge, Frhr. Adolph von	(1752–1796): Deutscher Schriftsteller → *88*
Knothe	(Näheres nicht ermittelbar) → *68*
Köhn, Anna	(*1870): Mutter von Gertrud von Bismarck, verheiratet mit Theodor Köhn → *44*
»Körbchen«	(Näheres nicht ermittelbar; vielleicht eine bestimmte Gruppe) → *69, 71*
Klostermann, Erich	(1870–1963): Theologe in Straßburg und ab 1919 in Münster → *91*
Koch, Karl	(1875–1951): Pfarrer, 1934 bis 1943 Präses der ApU- und DEK-Bekenntnissynoden → *81*
Koch, P.	(Näheres nicht ermittelbar) → *95*
Krach	(Näheres nicht ermittelbar) → *45*
Krause, Bruno (1)	(1880–1967): Superintendent i. R. in Spantekow/Kr. Anklam, Vater von Winfrid Krause → *55, 69, 77, 78, 103*
Krause, Bruno (2)	(1913–1999): Jüngerer Bruder von Winfrid Krause, 1939 Heirat mit der Theologin Lic. theol. Christa Müller → *13*
Krause, Gerhard	(1912–1982): Bruder von Winfrid Krause, Teilnehmer des 4. Seminars in Finkenwalde → *1, 2, 16, 43, 44, 47, 52, 66, 67, 72, 79, 80, 81, 82, 87, 97, 102*
Krause, Hartmut	(1920–2013): Bruder Winfrids → *89*
Krause, Winfrid	(1910–1943): Teilnehmer des 5. Seminars in Finkenwalde → *34, 43, 47, 62, 71*
Krause, Wolfgang	(1913–1941): Teilnehmer des 5. Seminars in Finkenwalde → *3, 34*
Kuhrmann, Gerhard	(*12.7.1906): Teilnehmer des 5. Seminars in Finkenwalde → *1, 8, 22, 43, 52, 77, 79*

Linck, Hugo	(1890–1976): Pfarrer in Ostpreußen bis 1948, dann in Hamburg → *60*
Lischewski	Direktor des Friedrichgymnasiums, Ort nicht ermittelt → *22*
Lokies, Hans	(1895–1982): 1933 im Pfarrernotbund → *55*
Luther, Martin	(1483–1546): Reformator → *9, 40*
Lutze, Viktor	(1890–1943): 1934 Stabschef der SA → *111*
Mackensen-Astfeld, Stephanie von (»Mamie«)	(1894–1985): 1934 Teilnahme an den BK-Synoden Barmen und Dahlem, Geschäftsführerin des Pommerschen Bruderrates in Stettin → *20, 23, 24, 47, 51, 79, 100, 105, 108, 110*
Marahrens, August	(1875–1950): Landesbischof der Ev.-luth. Landeskirche Hannovers → *1, 15, 18, 103*
Martin: Bekannter Friedegard Vilmars	(Näheres nicht ermittelbar) → *109*
Martin (Frau)	(Näheres nicht ermittelbar) → *91*
Mebus, Johannes	(1896–1979): Pfarrer, 1936 Ausweisung aus dem Pfarramt in Bielefeld durch die Gestapo, 1936 bis 1938 kommissarischer Pfarrer in Helbra → *28*
Melanchthon, Philipp	(1497–1560): Humanist, Mitarbeiter Luthers in Wittenberg → *40*
Mensing, Dr. Karl	(1876–1953): Jurist, Mitglied der BK → *64*
Middendorff, Friedrich	(1883–1973): 1936 im Reichsbruderrat → *58*
Minnich, Kurt	(1909–1962): Teilnehmer des 5. Seminars in Finkenwalde → *22, 56, 74*
»Moritz«	Kosename für Jenny Karding, die beiden Freundinnen Friedegard und Jenny wurden in ihrer Schulzeit »Max und Moritz« genannt → *19, 71, 76*
Müller, Christa	(1910–2004): Erste Ehefrau Bruno Krauses, des Bruders Winfrids → *13, 88*
Müller, Karl Ferdinand	(1911–1974): (KF) Teilnehmer vom 2. Kurs in Finkenwalde, 1936 im Bruderhaus, 1936 Ordination, 1937 Pfarrer

Namensregister

	in Karnitz/Kr. Greifenberg (Westpommern) → *1, 20, 23, 43, 44, 71, 100, 109*
Müller, H. Friedrich W.	(1889–1942): »Fritz Müller-Dahlem«, 1933 in Berlin-Dahlem, dort Mitbegründer des Pfarrernotbundes, 1934 im ApU- und Reichsbruderrat, 1936 Vorsitzender der Vorläufigen Kirchenleitung II. → *54, 78*
Müller, Ludwig	(1883–1945): September 1933 Wahl zum Reichsbischof, September 1935 Entzug der Befugnisse → *62*
Muhs, Dr. Hermann	1937 Staatssekretär im Kirchenministerium → *54*
Neurath, Konstantin Frhr. v.	(1873–1956): 1932 bis 1938 Reichsaußenminister → *58, 60, 61*
Niemöller, Martin	(1892–1984): 1931 Pfarrer in Berlin-Dahlem, 1933 Mitbegründer und Leiter des Pfarrernotbundes, 1937 verhaftet → *13, 15, 18, 20, 21, 22, 23, 51, 58, 60, 61, 64, 66, 68, 70, 72, 75, 76, 78, 81, 83, 85, 100*
Niemöller, Wilhelm	(1898–1983 in Bielefeld): Pastor, jüngerer Bruder Martin Niemöllers → *60, 78*
Niesel, Wilhelm	(1903–1988): 1934 bis 1945 Mitglied des Rates der Evangelischen Kirche der ApU (BK), verantwortlich für die Theologenausbildung (Kirchliche Hochschule und Predigerseminare) → *36, 54, 55, 70, 78, 93, 100, 103, 104*
Nietzsche, Friedrich	(1844–1900): Altphilologe, Philosoph, Dichter → *10*
Oeri, Kuni	Bekannter Winfrid Krauses aus dem Studium in Greifswald → *96*
Onnasch, Friedrich	(1881–1945): 1922 Superintendent in Köslin, Mitglied des Pommerschen Bruderrats, ermöglichte 1937 Sammelvikariate, Vater von Fritz Onnasch → *29, 30, 32*

Onnasch, Fritz	(1911–1945): Bruderhausmitglied, Studieninspektor im Sammelvikariat Köslin → *1, 10, 12, 15, 16, 19, 42, 43, 44, 47, 66, 78, 79, 92*
Osterloh, Edo	(1909–1964): Pfarrer und Theologe → *1,2*
»Pagenkopf«	2. Pfarrer in Stettin → *69, 72, 80*
Perels, Friedrich-Justus	(1910–1945): 1936 bis 1940 Justiziar des Bruderrats der Altpreußischen Union sowie des Pfarrernotbundes → *2, 51, 70*
Peter	(Näheres nicht ermittelbar) → *96*
Pinn, Theodor	(1898–1989) → *33*
Pohle, Ernst	(Näheres nicht ermittelbar) → *11*
Quervain, Alfred de	(1896–1968): Schweizer Theologe in Bern und in Basel → *16, 108*
Rabenau, Eitel-Friedrich von	(1884–1959): Pfarrer in Berlin, Teilnehmer an den DEK-Bekenntnis-Synoden, 1936 in der Zweiten Vorläufigen Kirchenleitung I → *64*
Regina	(Regina Jonas? Näheres nicht ermittelbar) → *78*
Reichel, P.	(Pfarrer? Näheres nicht ermittelbar) → *109*
Rendtorff, Heinrich	(1888–1960): 1919 bis 1926 Pfarrer, 1926 Professor für Praktische Theologie und Neues Testament in Kiel, 1930 Landesbischof von Mecklenburg-Schwerin, 1934 Amtsenthebung, 1934 im pommerschen Bruderrat, 1934 bis 1945 Pfarrer in Stettin-Braunsfelde → *1, 47, 57, 59, 60, 61, 66, 67, 70, 72, 80, 87, 90*
Renner	(Näheres nicht ermittelbar) → *28*
Reuter, Fritz	(1810–1874): Schriftsteller → *9, 10, 16*
Rilke, Rainer Maria	(1875–1926): Lyriker → *86*
Ritter, Elisabeth	(Näheres nicht ermittelbar) → *33*
Röhrig-Siedkow, Hans	(*1902): Pastor in Siedkow, im Zweiten Weltkrieg eingezogen → *100*
Rohr, Gerhard	(1909–1941): Teilnehmer des 5. Seminars in Finkenwalde → *52*

Namensregister

Rott, Wilhelm	(1908–1967): 1935 bis 1937 Studieninspektor des Predigerseminars Zingst/Finkenwalde, ab 1.3.1937 zur Vorläufigen Kirchenleitung II in Berlin berufen, Abteilung Reformierte Kirche und Schule → *66*
Sasse, Hermann	(1895–1975): 1928 Pfarrer in Berlin, 1933 Professor für Kirchengeschichte in Erlangen, 1934 im Lutherischen Rat → *25*
Sauerbruch, Dr. Ferdinand	(1875–1951): Chirurg der Berliner Charité → *54*
Scheven, Karl von	(1882–1954): 1928 Stadtsuperintendent in Greifswald, Dezember 1935 Vorsitzender des pommerschen Kirchenausschusses → *21, 51, 90, 110*
Schimmelpfeng, Hans	(1902–1971): Pfarrer in Marburg, Anstaltsdirektor in Hephata → *15, 25, 34, 47*
Schlagowski, Erwin	(1911–1995): 1935/36 in Finkenwalde, Oktober 1936 Ordination, dann Hilfsprediger in der Pfarrei Wussow bei Varzin Kreis Rummelsburg, Synode Schlawe/Hinterpommern, 1937 in Hammermühle → *72*
Schieder, Julius	(1888–1964): 1928 Rektor des Predigerseminars Nürnberg. 1935 bis 1941 Dekan in Nürnberg → *20*
Schlatter, Adolf	(1852–1938): Theologe → *29*
Schlier, Heinrich	(1900–1978): Theologe → *13, 45*
Schmidt [...]	(Näheres nicht ermittelbar): Mitglied der Zweiten Vorläufigen Kirchenleitung → *41*
Schmidt, Wolfgang	(1909–1945, vermisst): Teilnehmer des 5. Kurses in Finkenwalde → *51*
Schmitz, Otto	(1883–1957): 1916 Professor für Neutestamentliche Theologie in Münster, 1934 des Amts enthoben, Leiter des Predigerseminars der BK in Biele-

	feld und Dozent an der Theologischen Schule in Bethel → *19*
Schönherr, Albrecht	(1911–2009): 1935 in Zingst/Finkenwalde, 1935/36 und 1936 im Bruderhaus, 1936 Ordination, 1937 Pfarrer in Brüssow → *32, 108*
Schröder, Alfred	(1910–1991): Teilnehmer des 5. Kurses in Finkenwalde → *61, 77*
Schubring	(Näheres nicht ermittelbar) → *90*
Schwenkenbecher, Eva	Ehefrau des Marburger Mediziners Prof. Dr. Schwenkenbecher, der Winfrid Krause im Lazarett behandelt hat → *38, 41*
Sebastian, Ludwig	(1862–1943): 1917 bis 1943 Bischof der römisch-katholischen Diözese Speyer → *67*
Smidt, Udo	(1900–1978): 1930 Reichswart des Bundes Deutscher Bibelkreise, 1934 Pfarrer in Bremerhaven-Lehe, 1934 bis 1951 nebenamtlich Jugendpfarrer der Evangelisch-Reformierten Kirche in Nordwestdeutschland → *29*
Soden, Hans Frhr. von	(1881–1945): Theologe in Marburg → *1, 12, 28, 45, 57, 61, 75*
Spiro, Ludwig	Berliner Freund Friedegard Vilmars, der nach England emigrierte → *56*
Streicher, Julius	(1885–1946): NSDAP-Gauleiter von Mittelfranken; Gründer, Eigentümer und Herausgeber des antisemitischen Hetzblattes »Der Stürmer« → *111*
Taube, Johannes	Teilnehmer des 5. Kurses in Finkenwalde → *7, 10, 22, 18, 56, 100*
Teichler, Günther	(1906–2000): Bethel Mission → *95*
Thadden-Trieglaff, Reinhold von	(1891–1976): 1934 Präses des pommerschen Bruderrates und im ApU- und Reichsbruderrat → *57, 58, 61, 62, 70, 109*

Namensregister

Thiele, Ernst	(1856–1922): Pfarrer und Lutherforscher → *40*
Thurneysen, Eduard	(1888–1974): Schweizer Theologe → *14*
Trillhaas, Wolfgang	(1903–1995): Theologe → *12, 14, 20*
Troeltsch, Ernst	(1865–1923): Theologe, Kulturphilosoph, Politiker → *87*
Veckenstedt, Eberhard	(1909–1945): Teilnehmer des 5. Kurses in Finkenwalde → *39, 98*
Ute	(Näheres nicht ermittelbar)→ *44*
Vilmar, Eckbert	Bruder Friedegards → *10*
Vilmar, August Fr. Chr. (»A.F.C.«)	(1800–1868): Kurhessischer Theologe → *12, 28, 31, 32, 39, 40, 43, 48, 50, 57, 91, 93, 95*
Vischer, Wilhelm	(1895–1988): 1928 bis 1934 Dozent für Altes Testament an der Theologischen Schule in Bethel, dann aus dem Amt gedrängt; 1934 Pfarrer in Lugano, 1936 in Basel → *93*
Vogel, Heinrich	(1902–1989): 1932 Pfarrer in Dobbrikow, 1933 im Pfarrernotbund, 1935 Dozent an der Kirchlichen Hochschule in Berlin → *64, 104*
Völger, Hilde	Ehefrau des Pfarrers Will Völger → *92, 95*
Völger, Will	(1893–1968): Pfarrer in Katzow → *38, 53, 88, 90, 92, 94, 104, 108, 110*
Wagner	(Näheres nicht ermittelbar) → *48*
Wahl	(Näheres nicht ermittelbar) → *54*
Wapler, Rudolf	(*1912): Teilnehmer des 5. Finkenwalder Seminarkurses → *48*
Weber, Otto (Heinrich)	(1902–1966): 1934 Professor für Reformierte Theologie → *12*
Wiechert, Ernst	(1887–1950): Schriftsteller → *7, 41, 49*
Zöllner, Wilhelm	(1860–1937): Generalsuperintendent Westfalen bis 1931 → *20, 21*

Zur Edition

Friedegard Krause hat diese und ihre Briefe aus diesen und weiteren mit Winfrid Krause gelebten Jahren bis zu ihrem Lebensende im Jahre 2008 geschlossen aufbewahrt. Ihre eigenen Briefe hat sie von ihrem Enkel David Krause in späteren Jahren ordnen lassen. Die Briefe und Tagebücher von Winfrid schienen unberührt abgelegt worden zu sein. Nach ihrem Tod nahm mein Bruder Hartfrid die Briefe der Eltern an sich. Auf meinen Wunsch übergab er mir die Briefe, die sich seitdem in Kassel befinden.

Die 112 Briefe beziehungsweise Postkarten aus den Monaten, während Winfrid im Predigerseminar Finkenwalde war (18. April bis 9. September 1937), werden nicht vollständig wiedergegeben. Ausgewählt für die Edition wurden diejenigen Passagen, die kirchengeschichtlichen, theologischen und politischen Fragen sowie Finkenwalde gelten. Auf die Familien Krause und Vilmar bezogene Abschnitte und ephemere Sätze wurden daher in der Regel weggelassen. Die Auslassungen wurden in allen Fällen durch eckige Klammern und Punkte gekennzeichnet. Die Briefe sind überwiegend in Sütterlinschrift geschrieben und wurden von mir transkribiert. Die in den Briefen genannten Namen wurden mit den Vornamen in Klammern ergänzt. In gleicher Weise wurden unvollständige Sätze in eckigen Klammern ergänzt.

Wenn Sachverhalte oder Argumentationen in einzelnen Briefen Winfrids ohne die Gegenkorrespondenz unverständlich bleiben würden, wurden die entsprechenden Passagen aus den Briefen von Friedegard Vilmar chronologisch eingefügt.

Literatur

Barth, K. (1933): Theologische Existenz heute! Heft 1 (= Theologische Existenz heute. Schriftenreihe, herausgegeben von Karl Barth und Eduard Thurneysen). München.
Beckmann, J. (Hg.) (1976): Kirchliches Jahrbuch für die Evangelische Kirche in Deutschland 1933–1944 (2. Aufl.). Gütersloh.
Bethge, E. (2004): Dietrich Bonhoeffer (8. Aufl.). München.
Bethge, E./Bethge, R./Gremmels, C. (Hg.) (1986): Dietrich Bonhoeffer. Bilder aus seinem Leben. München.
Bonhoeffer, D. (1994): Nachfolge. In: M. Kuske/I. Tödt (Hg.): DBW 4 (NF) (2. Auflage). München.
Bonhoeffer, D. (1998): Widerstand und Ergebung. In: C. Gremmels/E. Bethge/ R. Bethge (Hg.) in Zusammenarbeit mit Ilse Tödt: DBW 8 (WE). Gütersloh.
Bonhoeffer, D. (1996): Illegale Theologenausbildung: Finkenwalde 1935–1937. In: O. Dudzus/J. Henkys (Hg.) in Zusammenarbeit mit Sabine Bobert-Stützel, Dirk Schulz und Ilse Tödt: DBW 14. Gütersloh.
Bonhoeffer, D. (1996) (DBW 16), Konspiration und Haft 1940–1945. Hrsg. Jorgen Glenthoj, Ulrich Klabitz und Wolf Krötke. München.
Bonhoeffer, D. (2013): Die Finkenwalder Rundbriefe. Briefe und Texte von Dietrich Bonhoeffer und seinen Predigerseminaristen 1935–1946. In: I. Toedt/ O. Berendts (Hg.): DBW Ergänzungsband. Gütersloh.
Dorhs, M. (Hg.) (2013): Kirche im Widerspruch II. Texte aus der Bekennenden Kirche Kurhessen-Waldeck. 3 Teilbände (= Quellen und Studien zur hessischen Kirchengeschichte Band 19 und Band 20). Teilband 2 (1937–1940), Teilband 3 (1941–1945). Darmstadt.
Hoppe, S. (2019): Der Protestantismus als Forum und Faktor. Sozialethische Netzwerke im Protestantismus der frühen Bundesrepublik (= Religion in der Bundesrepublik Deutschland, herausgegeben von Christian Albrecht, Julia Angster et al., 2). Tübingen.
Klapheck, E. (Hg.) (2019): Regina Jonas. Die weltweit erste Rabbinerin (2. überarbeitete Aufl., Jüdische Miniaturen 4). Berlin.
Krause, F. (1990): Ein Blick zurück in den Spiegel meiner Erinnerung. Darmstadt.
Krause, W.: Nachgelassene Texte. Familienbesitz Krause-Vilmar, Kassel.
Müller, C. (Hg.) (1908): Collegium Biblicum. Praktische Erklärung der heiligen Schrift, Alten und Neuen Testaments. Erster Teil: Neues Testament. Verfasst von Dr. A. F. C. Vilmar (2. Aufl.). Gütersloh.

Dank

Mein herzlicher Dank gilt:

Dr. Gernot Gerlach, der diese Briefedition von Anfang an kontinuierlich in theologischen und kirchengeschichtlichen Fragen konstruktiv unterstützt und durch eigene Recherchen ergänzt hat,

Dr. Ilse Toedt, die aus ihrem reichen Forschungsfundus über Dietrich Bonhoeffer wertvolle biographische Desiderata hat aufklären können,

Irmtraud Krause-Vilmar, die mich in vielfältiger Weise bei diesem Projekt unterstützt und ermuntert hat, und meinen Kindern.

Die Drucklegung wurde maßgeblich durch die Internationale Bonhoeffer-Gesellschaft, von Seiten der Evangelischen Kirche von Kurhessen-Waldeck, der Evangelischen Kirche in Hessen und Nassau, des Evangelischen Bundes Hessen e.V. und – in besonderer Weise – durch die Adolf-Loges-Stiftung gefördert.

Sehr dankbar bin ich dafür, dass der Verlag Vandenhoeck & Ruprecht die Briefedition herausgibt und dass die Mitarbeiterinnen Jana Harle und Carlotta Koch das Manuskript mit großem Verständnis begleiteten.